Ⓢ新潮新書

霜田明寛
SHIMODA Akihiro

ジャニーズは努力が9割

824

新潮社

はじめに

ジャニーズは努力でできている

努力は人を変える――。

そう、ジャニーズは教えてくれました。

中居正広と聞いてどんなイメージを思い浮かべるでしょうか？

多くの人が、そのバラエティ番組の司会者ぶりから、もともと明るく、機転の利く人という印象を持っているのではないでしょうか。

しかし、ジャニー喜多川(きたがわ)は中居正広のことを「おとなしかった」と振り返り、本人も「話すのは、正直、苦手分野」「アドリブとか利く方ではない」と、10代から仕事に関するメモを書き溜め、今でも入念なシミュレーションをしてバラエティ番組にのぞんでいます。

今や俳優としての地位を確立している岡田准一には、毎日仕事終わりに、寝ずに映画を3本観て学んでいた日々がありました。

堂本剛は、ＫｉｎＫｉ Ｋｉｄｓとして成功をおさめた後も、ソロ・プロジェクトを始動させるために、自ら企画書を書いてコピーし、社内でプレゼンをする、というようなことまでやっています。

広く知られてはいませんが、ジャニーズのタレントたちは陰で必死の努力を続けていて、それぞれに「人生の哲学」を持っているのです。


僕が初めて憧れた大人は、ジャニーズでした。9歳でＳＭＡＰに憧れ、15歳で同い年の山下智久の活躍に刺激を受けジャニーズ事務所に履歴書を送り始め、18歳でジャニーズJr.オーディションを受けました。２００９年、23歳のときに雑誌『ＳＰＡ！』の「ジャニヲタ男子の奇妙な日常」という特集で、日本で初めて「ジャニヲタ男子」として取り上げられ、それ以降も、ジャニーズへの愛は冷めることなく、今も女性ばかりのライブ会場に勇気を持って乗り込んでいます。普段は、編集長を務めるＷＥＢメディアで、俳優や映画監督にインタビューをし、人生の哲学や世に出るまでの努力の過程を聞いて、文章にしています。

ちなみにオーディションでは、事務所の女性に「皆さんはここに呼ばれた時点で、ジャニーズJr.研修生です。すぐに連絡が来なくてもあきらめないで待っていてください。時間が経って連絡することもありますから」と言われました。なので、現在の僕は「待っている」状況です。あれから15年が過ぎようとしています。

冗談はさておき、「ジャニーズに自分の人生を変えてくれるような哲学がある」「ジャニーズは努力でできている」と聞いて、こう感じると思います。

「いやいや、彼らは〝もともと〟すごかったんでしょう?」と。

たしかに、僕もそう思っていました。

特別な星のもとに生まれてくる人と、それ以外の星に生まれてくる人――。

世の中にはその2種類しかいないと思っていたのです。

「ジャニーズは特別な星のもとに生まれた人たちなんだ」と、彼らと自分の間に線を引いていました。

しかし、そうではないと、ジャニーズ本人から突きつけられたことがあります。

オーディションに落ちた翌年。20歳の頃、端役ながら、元男闘呼組の岡本健一さんの舞台に出演する機会を得ました。稽古期間も3週間を過ぎ、だいぶ打ち解けてきた頃、休憩場で2人きりになった瞬間を見計らって、ずっと言おうと思っていたことを、岡本さんに伝えました。

「僕、ジャニーズJr.になりたいんです」

笑われるかと思っていました。「その顔で?」「その身長で?」「その歳で?」……何を言われるんだろうと怖くもありました。そもそもオーディションで一度落ちている身。自分が何者でもないということをあらためて突きつけられる可能性のほうが高かったと思います。

しかし、岡本さんは僕の目をまっすぐに見て、こう言いました。

「努力できる?」

岡本さんは、ルックスや運動神経のような生まれもった才能ではなく、「努力できるかどうか」の一点のみで、ジャニーズ入りの資格を問うてきたのです。岡本さんの目は真剣で、僕の直訴を一笑に付したりはしませんでした。

現在持ち合わせている能力で判断するのではなく、未来を見て「やるのか、やらないのか」を問う。それは、ジャニー喜多川が人を選ぶときの「やる気があれば誰でもいい」という選抜基準と、驚くほど一致しています。その詳細は第2部で紹介しますが、もちろん当時の僕はそんなことを知るよしもありませんでした。

ジャニー喜多川がそうであるように、岡本さんは夢を笑わない大人でした。僕が初めて出会った、どんなに無謀な夢を語ったとしても、人の夢を否定しない大人。

岡本さんは、教えてくれました。ジャニーズの人たちが、小さい頃からどれだけ努力を重ねてきた人たちであるかを。

そう語る岡本さん自身、休みの日も稽古場に来て、空いているスペースでひとり稽古をしたり、他の出演者の様子をじっと眺めたりしていました。年下のキャストにアドバイスをするためだけに来てくれることもあり、その後、舞台演出家として活躍されるキャリアを思うと、演出家としての努力をしていたのかもしれません。

岡本さんをはじめとするジャニーズは、天性の才能を持って生まれてきたから、今の活躍があるわけではない。努力を重ねてきたからこそ、活躍できている——。


〝才能〟とは、死ぬ気で身につけるものである

ジャニーズは努力によって特別になっていった人たちである——。

それは岡本さんの背中から教わった、偉大な真実でした。そして、この真実を直視することは、僕の人生観を一変させました。それは、絶望でもあり、希望でもありました。

それまでは、ジャニーズを恵まれたルックスをもって生まれた人たちの集団だと思っていました。おそらく、多くの人が同じような眼差しでジャニーズを見つめていることと思います。彼らは運良くイケているルックスで生まれ、運良くジャニーズに選ばれ、運良く人気を得ている「特別な星のもとに生まれた、選ばれし人たちなのだ」と。

彼らの活躍の裏には不断の努力や思考の重なりがあります。しかし、ファンでありながらも僕は、それを直視せず、見て見ぬふりをしてきたのでした。

なぜならば、「彼らと自分は生まれた星が違うのだ」と思いこむ方が、楽だったから。

しかし、現実は違いました。彼らもまた「普通の星のもとに生まれた、普通の人たち」だったのです。ですが、彼らはそこから努力を重ね、一方で自分は努力を怠っていた。

その差が、そのまま人生の差になっている。それを見つめることは苦しくもありました。

舞台演出家・蜷川幸雄（にながわゆきお）に密着したＮＨＫのドキュメンタリーで、こんなシーンがありました。蜷川幸雄は、自分の劇団に所属する、まだ売れていない若手の舞台俳優たちにこう檄を飛ばします。

「なんでジャニーズの方が努力してんだよ！　お前らより売れてる奴らがよ！　全然説

得力ねえよ！」

ジャニーズたちの人生に目を向けると、自分の人生こそ説得力がないものだ、ということを自覚しなくてはいけない——それが絶望の理由です。

しかし一方で、岡本さんの言葉は、希望でもありました。「この世界は、努力すればなんとかなる希望の世界である」と教えてもらったような気がするからです。それは、一見すると、芸能界のような才能のみで決まるように見える世界ですら同じなのだ、と。〝普通の星〟に生まれた人たちが、特別なことを成し遂げるまでの進化の過程をつぶさに見ていけば、同じく〝普通の星〟に生まれた何者でもない自分にも、何か特別なことを成し遂げられる道筋を示してくれる気がしました。それは絶望の後に差し込んだ、一筋の希望の光でもありました。そこにこそ、人生を変えるヒントが詰まっているはずだ、と。

岡本健一さんに「努力できる？」と問われてから約15年、ジャニーズがどんな努力や工夫をこらして、自分の人生を歩んできたのかを見つめ、調べてまとめたのが本書です。

共通していたのは、もともと特別な星のもとに生まれた人なんていないんだ、ということ。普通の人が特別なことを成し遂げるための道は、確実に存在するということ。そして、その道は1本ではなく、無数に存在しているということ。活躍の仕方が十人十色なら、そこまでの努力の仕方も十人十色です。

どこにでもいる少年だった彼らが、努力の結果、東京ドームを5万人の歓声でわかせたり、帝国劇場の単独主演記録を塗り替えたり、ひとりでNHKからテレビ東京までの全局にレギュラー番組を持ったり――。

ジャニーズの人たちは、教えてくれました。才能とは、天から授かるものではなく、死ぬ気で身につけるものである、と。

岡本さんと話したあの日から、軽はずみに「ジャニーズになりたい!」とは言えなくなってしまいました。本書を書き上げた今は、尚更です。でも、何者にもなれないと諦めたわけではありません。むしろ、その逆です。

本書は「ジャニーズを目指せ!」と鼓舞する本ではありません。「ジャニーズの努力」に目を向けると、人生がちょっと変わる。「現在の自分が思い描いていた自分と違う」とか「もう少し頑張りたい」といった人たちに、自分の人生を変えるヒントを、ジャニーズの生き様の中に見つけてほしいと思ってまとめました。

〝天才ではない人の努力の話〟には、再現性があります。第1部で厳選した16人のエピソードの中には、仕事や人生において「未完成な自分がどう成長していくのか」という悩みに対する答えが見つけられるはずです。そしてジャニー喜多川と人を育てる仕組みとしてのジャニーズ事務所に注目した第2部は、誰かを「育てる」立場にある人にもお役に立てるはずです。

「努力は人を裏切らない」とか「人は何にでもなれる」とか「あきらめなければ夢は叶う」という言葉は、一笑に付してしまいたくなる手垢のついた言葉かもしれません。しかし、本書で紹介する彼らの努力を知ってもらった後に、それらの言葉が心の奥底に深く説得力を持つようになれば幸いです。

あなたがそこからどんな夢を持とうとも、それを体現してきたジャニーズの彼らなら、きっと笑わないはずです。

※ここでは実際のエピソードをもとに、「岡本さん」と表記しましたが、本文で紹介するタレントの方々への敬称は省略いたします。

はじめに
ジャニーズは努力でできている／〝才能〟とは、死ぬ気で身につけるものである　3

第1部　努力の16人　17

1　中居正広：〝アイドルの非常識〟を常識化した男／あえてとったファンとの距離／〝準備の中居〟の徹底的シミュレーション／「本当の個性」を磨くために
2　木村拓哉：木村拓哉もまた努力の人である／〝初の月9〟を断る／「自分の強みはジャニーズです」
3　長瀬智也：尖った個性と親しみやすさの両立／「テレビドラマは人生を変える」／自作曲のストックは500曲／「普通の感覚」こそが個性を伸ばす
4　国分太一：〝ジャニーズ史上最も売れた男〟／「バカだと思われてもいい」／多忙な中でのインプット方法
5　岡田准一：「人間は〝頑張る〟ことに耐えられる」／本1冊映画3本が日課／3種類の武術を習得／なぜ8歳から人生を考え始めたのか

6 井ノ原快彦：徹底的な〝嫌われない覚悟〟／「気持ちを考えないほうが罪」

7 堂本剛：アイドルとしての成功と壊れる心／自らプレゼンするアーティストへ／「変人」だからできるものづくり／なぜ心を病んだのか／繊細さという強さ

8 堂本光一：対照的な2人／全ての行動をルーティーンに／〝捨てる勇気〟と〝託せる自信〟／「理解できない」相手といるのが成長

9 櫻井翔：どこでもアウェイだった／〝冷めた俯瞰〟ではなく〝攻めの俯瞰〟／「本業」を超えるとき

10 大野智：アイドルは夢じゃなかった／寝ずにフィギュア制作／「自由になるために」する努力

11 滝沢秀明：厳しい境遇を乗り越えたスーパースター／孤軍奮闘するリーダー／「努力する意味あるのかな?」／なぜ後輩を育てるのか

12 風間俊介：イジメっ子・犯罪者・声優……／異端のジャニーズ／〝ジャニーズなのに〟を逆に活かす／メインを超える〝スキマ産業〟

13　村上信五：「見えた道がそこしかなかった」／〝当たり前のハードル〟を上げ続ける／努力はいつ華が開くか
14　亀梨和也：「劣っている」自覚から努力は始まる／間接的に夢を叶える／アイドルという最強の存在
15　伊野尾慧：仕事のない時期の過ごし方／風呂に入らず舞台→論文／人生何が役に立つかはわからない
16　中島健人：極端な意識の高さが一流の器を作る／目標はジャニーズのトップ／終わらない青春

未完成時代をどう生きるか──第1部まとめ　171
Ⅰ　与えられたことを全力でやり続ける（堂本光一、滝沢秀明）／Ⅱ　与えられたことをやりながら、自分のやりたいことを続ける（岡田准一、堂本剛、大野智）／Ⅲ　〝与えられたこと〟を頑張っていたら〝やりたいこと〟が見つかった（風間俊介、生田斗真、長瀬智也）／Ⅳ　〝やりたいこと〟ができなくなったが、間接的に夢が叶った（亀梨和也、手越祐也）／Ⅴ　〝与えられたこと〟に懐疑的な視点を持つことが自分の希少性を高める（櫻井翔、岡本健一）／Ⅵ〝与えられたこと〟がないときこそ日常を疎かにしない（伊野尾慧、丸山隆平）／Ⅶ 未来図を描いて、今の行動を決める（中居正広、木村拓哉）／「未完成」を「可能性」に変えるもの

第2部 ジャニー喜多川論 育てる力 *197*

日本で最も優秀な採用担当者／ジャニーとドラッカーの共通点／ジャニー流人間性の見抜き方／SMAPになれなかった人、V6になれなかった人／「頑張るのは当たり前」／褒めて伸びる人、けなして伸びる人を見分ける／引き出す教育「ジャニイズム」／ジャニーズ・スピリットとは／ジャニーズ顔なんてない／優秀な人材ばかりの組織を作るには／ジャニーズの競争システム／成功イメージを具体的に見せる／「YOU出ちゃいなよ」／成長を促す「分不相応」／〝世界を変える大人〟の正体／大人は子どもには戻れない――

おわりに *239*

引用・出典一覧 *243*

第1部　努力の16人

1 中居正広 *Nakai Masahiro*

――「どんな仕事でも、成功は約束されていないけど、成長は絶対に約束されている」[*1]

なかい・まさひろ：1972年8月18日生まれ。神奈川県出身。中学1年生の時に、ジャニーズのオーディションに応募。88年、SMAPを結成。91年、「Can't Stop!! -LOVING-」でCDデビュー。94年、『笑っていいとも！』のレギュラー入り。95年、『味いちもんめ』でドラマ初主演。97年には史上最年少（25歳）で紅白歌合戦の司会を務める。

"アイドルの非常識"を常識化した男

「個性とは、得意なものを磨くことで生まれる」と思われがちですが、苦手意識のあるところから生まれる、唯一無二の個性もあるのかもしれない――。そんなことを、ジャニーズ司会者の先駆者・中居正広の人生は教えてくれます。

史上最年少25歳での紅白歌合戦の司会者、オリンピック特番のキャスター……と、あらためて言うまでもなく、司会者として唯一無二の立ち位置を摑んだ中居正広。その司会術は天才的にすら見えるかもしれません。

しかし、中居自身は「話すのは正直、苦手分野なんですよ」[*2]「こう見えてもパッと言葉が出てくるタチではなく、記憶力も悪いのは自分でもわかっている」[*3]「器用じゃないんで、咄嗟に出てこない」[*1]と語ります。バラエティ番組でのトークは即興的なもの、という印象が強いため、どうしても先天的な才能に見えてしまいがち。ただ、中居に限っては、そうではないのです。

ジャニー喜多川も「自分で個性を作っていく」人として中居の名を挙げ、「中居君なんか、最初はものすごく二枚目というか、まじめでねえ。あそこまでしゃべれる人間でもなかったし、おとなしかった」[*4]と語ります。

現在の中居からすると隔世の感がありますが、現在の立ち位置は、デビューしてもすぐにはブレイクせず、「もうこのまま終わっちゃうんじゃないかって」[*5]不安だった中居が、10代の頃から意識的に狙い、戦略的に作り出したものなのです。まずはその戦略から見ていきましょう。

今でこそ、嵐の櫻井翔や、Ｖ６の井ノ原快彦、ＴＯＫＩＯの国分太一……と、司会のできるジャニーズ、バラエティに出演するジャニーズというのは珍しくありませんが、その先駆者となったのが、ＳＭＡＰの中居正広です。

自分でも「アイドルがバラエティに出るという『非常識』を常識化できた」[*6]と自負するほどで、これは、ＳＭＡＰより前のアイドルの主戦場が歌番組だったことを考えると、決して誇張表現ではありません。

その一方で、日本のシングルＣＤ歴代売上げランキングトップ10という記録を持ちながら、こんなにも〝音痴〟であることが広く認知されているアイドルも他にはいません。もちろん、知られているのは、隠していないから。自分からネタにしているからです。

中居は、インタビューでも「ＳＭＡＰになってから、『あっ、俺って歌っちゃいけないんだな』って思った」[*7]などと、自虐的に語っています。といっても、この〝できないこと〟に対する悲愴感はありません。

例えば、歌番組などでは自ら「マイクのスイッチ入ってないよー！」と笑いにしていたこともありますし、コンサートでは「中居のソロ曲の時間をトイレタイムにしている観客が多い」ことをネタにした『トイレットペッパーマン』という曲を自ら作詞して歌っていました。

「歌って踊るのがアイドル」というイメージがまだ根強くある中で、ここまで歌が〝できない〟ことを明らかにする人はなかなかいません。

この自虐は単なる逃げではありません。むしろ、歌を〝できないこと〟のままにしておくというのは、中居の人生においては、かなり意図的な攻めの姿勢であり、考え抜かれた戦略なのです。

「一〇代の頃から将来はバラエティでMCをやれるようになりたいと考えていたし、これがいつか新しいアイドルのひとつの形になるのではという予感があった[*6]」と、社会の変化も予測した上で、早い時期から自分の立ち位置を想像していました。

さらに、MCもできるアイドルになりたい、というのは単なる個人としての欲望ではありません。

「10代の頃から『本当におしゃべりができるようになりたい』とは思っていました。『一体自分の個性って何だろう？』というときに、自分がしっかりしゃべれるようになったら、それはSMAPにとっても大きな武器になるなと[*8]」と語るように、まずは他のメンバーが〝できないこと〟を、自分の長所として伸ばすことが、チームのためになることを意識しての決断だったのです。

代わりに自分の〝できないこと〟は、チームの他のメンバーに任せることを意識します。

「歌は他のメンバーに任せたほうがチームとして戦うにはいい。代わりにダンスは得意だから踊りで頑張るし、MCに適任がいないんだったら司会をやろう」[*7]とSMAPになってから思ったのだといいます。

結果、中居が音痴であることを責めたり、歌に対して過度に責任を負わせる雰囲気はなく、むしろファンの中には、それを味として楽しんできた人も多いことでしょう。

中居は、何かを「できない」と明言することで、自らが他に注力することを認めてもらうための土壌を作ったのです。

あえてとったファンとの距離

そんな中居が、歌の代わりに注力したのが司会です。

「(17歳)当時から『とにかくバラエティで、何番手でもいいからやりたい』と会社の人にすごく頼んでいたしね。大阪の番組やBSや朝の情報番組のアシスタントとか、二番手、三番手でコーナーをやらせてもらいながら、『おっきな番組の司会をやりたい』

とずっと思っていた[9]」

トークを盛り上げるためには、女のコの話やエッチな話など、従来のアイドルらしからぬ話をしたほうがよい時も出てきます。それでも、司会業に邁進（まいしん）していくことを決めた中居は、「1回ファンのコと敢えて距離を取る時期にしなければいけない[10]」と考えて突き進んでいくのです。

「〝結婚生活いかがですか？〟って聞いて、自分の恋愛の話を全くしない司会者は卑怯だなって。だから恋愛話とかエッチな話とか意識して話し始めたの。下ネタとか、女の子のおっぱいの話とか[11]」

当初は〝こないだデートした話〟といった類の話をしても、観覧のファンたちの冷やかな反応を感じていた[10]という中居。マネージャーにカットの指示を出されることもあったといいます。しかし、それを続けることで「女のコの話をしても、ウンともスンとも言われない[10]」状況を自ら作っていったのです。

結果、SMAPの中でも、最も多く冠番組を持つ存在になりました。25歳の時に、史上最年少で紅白歌合戦の司会者に抜擢、2004年からはオリンピックのキャスターを務めていることからも、その努力が大成功したことがわかります。

〝準備の中居〟の徹底的シミュレーション

戦略があったとはいえ、元は不得意だった領域をどのように克服していったのでしょうか。次は具体的な努力の部分を見ていきましょう。

中居は今でも「事前にちゃんと準備ができないのは、怖い[*12]」「バラエティ番組ではゲストの資料は頭に全部入れておきます[*7]」と語ります。

「プレッシャーを乗り越えるために一番大事なのは、準備をすること。バラエティ番組でも踊りでも、自分の中でシミュレーションし、準備を怠らないよう気をつけています[*13]」

例えば、歌番組を担当しているときは、2日前にはアーティストの情報やCDをもらって、曲を聴き、歌詞も熟読し、自分の感じたことをまとめます。そして、台本を書き込みだらけにしていく[*12]。もちろん音楽番組だけではありません。

「どんな番組でも、あらかじめ台本をもらって、必ず目を通しておきます。前日の夜に台本ができる番組の場合、手元に届くのは深夜になりますが、確認しておきたいと思うんですよ。ゲストの方の資料も目を通しておきたい。僕が質問する場合、どんなことが聞けるかな、と必ず準備しておく。やはり当日、スタジオに入ってばたばたするのは嫌なんです[*2]」

そうして準備をし、本番前にも、司会進行の仕方や、ゲストに話を振ったらこう返ってくる……といった綿密なシミュレーションを頭の中で繰り返し、ひとり集中しているといいます[*14]。

象徴的だったのが、笑福亭鶴瓶とコンビで司会を務めた２００７年の紅白歌合戦。台本を読まなければいけないなら引き受けないと主張していた鶴瓶に対し、中居は４時間超の台本をすべて頭に入れ、鶴瓶に後ろからおしりを叩いて合図するなどして、全体を引っ張っていたのです[*15]。

また同じ笑福亭鶴瓶とのタッグでの番組『ザ！世界仰天ニュース』では「打ち合わせしないと不安でしょうがない」ため、毎回打ち合わせをする中居に対し、鶴瓶は打ち合わせに参加せず、ゲストも知らずにフラッとやってくるとか。

そんな鶴瓶に「ふらっと来て、ふらっとやっちゃう」「うらやましい」と敬意を持つ中居と、中居に感謝する鶴瓶とのコンビは15年以上続いています[*16]。

そんな〝準備の中居〟を象徴するような道具がノートです。分厚いノートを１年に３

冊ほど更新。そこには、気になる文章や言葉はもちろん、本を読んでいてわからなかった漢字、いいなと思った音は「〇〇の間奏の〇分〇秒目の音」といったレベルでくわしくメモをするのです。[*3、*17]

他にも映画の出演時には、撮影終了後に期間が空いてから行なわれるインタビュー用に、どんな質問が来ても答えられるように、撮影中から感じたことをメモしている、という少し先を見据えた準備も。[*3]

中居は、本当は苦手だった話すことも、綿密な準備と努力により、克服していきました。そして日本の司会者の頂点まで登りつめていったのです。

強みや個性は、得意なものを磨くことで生まれる、とよく言われます。しかし、中居のように、〝苦手だけど、自分が磨くべきもの〟をきちんと考えた上で、それを必死に磨いて、強みや個性にしていくというやり方もあるのです。

しかも、中居の場合は〝(SMAPという)チームに足りないもの〟と〝社会が欲する新しいアイドルのかたち〟も考慮した上で、あえて〝弱みを強みに変えていく〟戦略を取ったのです。

「本当の個性」を磨くために

しかし、苦手意識のあるトークをここまで克服できたなら、歌も……という思いはなかったのでしょうか。40歳を超えた、2013年にはこんなことを語っています。

「SMAPでだって、リードボーカルやりたいですよ。でも、それじゃSMAPが崩壊しちゃうからやらないだけ」[*18]

つまり、中居にとっては、歌もトークも、元は苦手の領域であるという認識。でも、創生期の時点でチームに足りないものとして、トークを磨いていったのです。

そして、「歌だけは準備しません。しても無駄というか（笑）」[*3]と笑いに変えるようになっていった中居ですが、歌に注力しなくなるまでの過程にはもうひとつ、理由がありました。

実は、10代の頃の半年間、月に6回、まわりに内緒で50万円近く払ってボイスレッスンに通っていたという中居。ただ、レッスンの受講前と受講後に録ったものに変化が感じられず、「耳が悪すぎる」と言われてあきらめたのです。[*9]

「この道には進まない」と決めるときも、ただ苦手意識があるからと漫然と切り捨てるのではなく、ちゃんとトライをしてから別の道に進む。こうして中居は、司会の道に邁進していったのです。

中居は過去を振り返ってこんな発言をしています。

「『みんなと同じことをしない』という勇気が当時はなかった。自分のなかで協調性は大事にしている部分です。でもいまは、みんなと同じでなくていい、ときに敵をつくる勇気も持たないと、本当の個性は磨かれないと思っています[*3]」

中居の司会術。それは、得意なものを磨いていったのではなく、苦手なものの中から、勇気を持って、努力と準備で磨いていった本当の個性なのです。

２ 木村拓哉
Kimura Takuya

――「僕は『がんばる』って言葉の語源があまり好きじゃないんですよ。『〝我〟を張る』ということなので。そうじゃなくて、もっと周りの人たちを信頼しながら、仕事を楽しめる要素を見つけていくことが大事なんじゃないかな」[*1]

きむら・たくや：１９７２年11月13日生まれ。東京都出身。91年、ＳＭＡＰとしてＣＤデビュー。『あすなろ白書』『ロングバケーション』『ラブジェネレーション』など、10作を越える月９ドラマをはじめ、『ビューティフルライフ』『GOOD LUCK!!』、映画『武士の一分』『無限の住人』などに出演。台本にいつも書き込む言葉は「I'll do my best」。

木村拓哉もまた努力の人である

自分のありたい未来像に強烈な意志を持ちながらも、決して〝我〟を張らない。

ジャニーズの中でもとりわけ〝天才〟〝スター〟といった形容がしっくりくる男・木

村拓哉の人生は、自分の未来を信じることと、自分の力を過信しないことの絶妙な間にありました。

『ロングバケーション』『ビューティフルライフ』『HERO』といったヒット・ドラマが並ぶ彼のキャリアを見ると、ずっと第一線を走り続けてきた人のような錯覚を覚えます。

しかし、SMAP自体が、デビューと同時にブレイクしたグループではないのと同じく、木村拓哉自身も、最初からスターだったわけではないのです。彼は流されるままに、今の立ち位置を獲得したわけではありません。

木村拓哉の努力について、SMAP結成初期から一緒に仕事をしていた放送作家・鈴木おさむはこう語っています。

「『SMAP×SMAP 特別編』で、インディアンの村に行く企画があったんですけど、そのときも、投げ縄とか、ひとつでもできないことがあったら、カメラが回ってようが回ってなかろうが、納得行くまで続けているんです。〝木村拓哉って何でもできちゃうよね〟って言う人は多いけど、何でもできちゃうように、彼はがんばっているんですよね。木村拓哉はまさに〝努力〟の人[*2]」

木村拓哉もまた、努力で自分を輝かせていった人なのです。

それは映画『無限の住人』の主演に木村拓哉を起用した、三池崇史監督のこんな言葉にも象徴されています。

「24時間〝木村拓哉〟なんですよ」[*3]

本人もこう語っています。

「素のときの自分と、演じているときの自分を、意識して切り分けるということは一切ないですね。（中略）オン、オフのスイッチを入れたり、切ったりという感覚はないですね」[*4]

ずっと〝木村拓哉〟であり続ける、その強烈な意志。トップアイドルであり、主役級の俳優としてあり続けながら、変わらない自分を貫くことは生半可なことではなく、運や才能だけで太刀打ちできるはずもありません。

木村と共演した俳優・中井貴一は〝1等賞を走り続けていく〟木村拓哉の努力について、こう語りました。

「僕たちの世界って、ホントに一瞬ポンと名前が出て、売れてってていうことも、とても難しいことだけど。それはある意味、大きな運を持っていればできることだけど。1等賞を走り続けてくっていうのは、その運と、そこに彼がしてきた努力みたいなものが、合わさらないと継続っていうのは出来ない。

彼は絶対に努力を見せませんからね。僕たちなんかよりもはるかに仕事が忙しく、色んな仕事をやっていらっしゃるんだけど、絶対、現場に台本は持ち込まないですし。どんなに長いシーンでも、彼が台本を見るってことはなかったですから。それは、どんな天才でも〝努力〟なんだと僕は思いますよね」[*5]

〝初の月9〟を断る

〝1等賞を走り続けていく〟ことにも意志が必要ならば、1等賞をとるまでにも、当然意志が必要です。ここからは、ブレイク前の木村拓哉について見ていきましょう。

1988年に結成され、91年にCDデビューしたSMAPですが、結成当時は、木村が中心メンバーだったかというと、実はそうではありません。リーダーは中居正広で、89年には森且行がSMAPメンバーとしては初めてドラマの主演をしていますし、92年には稲垣吾郎が先に月9主演デビューを果たしているくらいです。

その一方、単発ドラマなどで経験を積んでいた木村に、チャンスがやってきたのは93

年、21歳の時。月9ドラマ『あすなろ白書』(原作・柴門ふみ)の「掛居くん」役にキャスティングされたのです。

大学生男女5人の恋愛を描いたドラマ『あすなろ白書』で、掛居くんは、ヒロインの石田ひかりに恋心を寄せる男の一番手です。初めての連ドラ、しかも当時、高視聴率を連発していたフジテレビの月9枠。普通の若手俳優なら、喜んでとびつく大役です。しかし、それを木村は断ったのです。

『あすなろ白書』の主要男性登場人物には、掛居くんのほかに、「取手くん」という二番手の男性キャラクターがいて、取手くんには当初、俳優の筒井道隆がキャスティングされていました。しかし、それを、チェンジしたい、と木村は申し出たのです。つまり、木村にとっては、自ら番手を下げる判断。もちろん筒井も同意の上。

プロデューサーが決めた配役を、若手の俳優が変える、というのは基本的にありえない話です。けれど、それを聞いた、プロデューサーの亀山千広(のちのフジテレビ社長)は、「このドラマで人気が出たら、いまオンエアされているどのCMの誰のポジションに就きたいのか、イメージできているのか」を木村と筒井に確認。すると、2人とも、明確なイメージができていたので、亀山は交代を決めたのだといいます。つまり、単なる思いつきではなく、明確な未来像から逆算した上での提案だったので、キャスティングを変更するという舵が切られたのです。[*6]

結果、『あすなろ白書』は、平均視聴率27パーセントの大ヒット・ドラマとなりました。そして、ヒロイン・なるみに一途でいつも優しく「俺じゃダメか？」と切ないセリフを発する「取手くん」に女性の心は傾き、木村の人気は沸騰したのです。取手くんが、なるみを後ろから抱きしめるシーンは大きな印象を残し、「あすなろ抱き」という言葉も生まれました。

人気に火がついた後も、番手を重視しない時期が続きます。萩原聖人主演・亀山千広プロデュースのドラマ『若者のすべて』では二番手の友人役で、友人が昏睡状態に陥ったことに責任を感じながら生きる男。映画『シュート！』では中居正広演じる主人公のサッカー部の先輩でありながら病気で死んでしまう……といったような印象に残る役柄を演じます。

木村が単独初主演をするのは『あすなろ白書』から3年後の96年のこと。『あすなろ白書』と同じ亀山プロデュースで北川悦吏子脚本による作品。それが、最終回の視聴率は36・7パーセントと、社会現象となった『ロングバケーション』です。

そこから木村の人気は盤石なものとなり、『ラブジェネレーション』『ＨＥＲＯ』と、10年以上もの間、主演ドラマが軒並み視聴率20パーセントを超えるような大ヒットを続けるようになるのです。

木村は若い段階から、仕事を〝選ぼう〟という意識を持っていました。「こうなりたい」という自分の仕事のビジョンが明確にあって、それに近づくためには、目上の人にも意見したのです。他人の言うこと全てをそのまま受け入れるのではなく、自分で自分の人生をコントロールしていこうとする。

自分がなりたい未来像の前には「月９ドラマの男一番手」という普通だったら飛びつくような、オイシイ話にも木村拓哉の意志が揺るがされることはありませんでした。冷静に役者として自分が行きたい場所を見つめていたのです。

亀山千広も当時の木村を振り返りながら「とくに新人の役者さんの場合は、どの時期にどんな役を演じるのか自分でコントロールしていかなければ、大きな役者になれませんＩ[*6]」と語っています。

これは何も役者に限った話ではありません。

自分の理想とする仕事のビジョンを、きちんと把握できるのは、自分だけ。むしろ、自分の10年後の仕事のビジョンまで意識して、仕事を振ってもらうことを他人に求めるのは、なかなか難しい話です。

もちろん、他人に言われた仕事をこなし続けるのもひとつの美徳ではありますが、ときには、自分のビジョンとかけ離れていないか、その仕事の延長線上に自分の理想はあるのか、立ち止まって考えてみるべきなのかもしれません。

木村はひとつひとつの仕事が、自分の未来に及ぼす影響を考えて仕事をすることで、理想とする自分のビジョンに、強烈な意志をもって近づいていった人なのです。

仕事ではありませんが、当時のジャニーズのアイドルとしては珍しく、しかも『ビューティフルライフ』が大ヒットを記録した2000年、28歳での結婚や父になる決断も、なりたい自分の将来像に対する、強烈な意志の表れなのではないでしょうか。

「自分の強みはジャニーズです」

一方で、自分の意志をしっかり持つことと、自分の力を過信することは別だということにも気をつけているようです。

自分の力を過信すると、周囲で支えてくれている人たちがいる、ということを忘れがちになってしまいます。しかし、木村はその意識をきちんと持っています。

映画の記者会見などで「俳優部の一員として……」と言うのはその表れ。衣装部、照明部、演出部……他にも多くの人たちがいて作品が成立していて、自分はそのうちのひとつの部の一員でしかない、という意識が強いのです。そこに「自分が主役だ！」という自我は垣間見えません。

冒頭に引用した言葉の通り、木村拓哉はもちろん努力という意味で頑張ってきたけれど、語源のようにむやみに「〝我〟を張ってきた」男ではないのです。

本人もこう語っています。

「僕らの仕事は、『この役をあなたにお願いしたい』と誰かに言われて初めて成立します。まず、そう言ってもらえるのが信じられないほどありがたいこと。思いを作品という形にして、たくさんの人たちに向けて放つというのは、ものすごいエネルギー。僕は、そこに一員として参加させてもらっているだけです。一人じゃ、なんっにもできないんですよ。『自分一人で』という感覚は、僕の中では皆無です」[*7]

どの世界にも、ひとりでできる仕事なんて、ありません。

木村拓哉は〝自分の意志をしっかり持つこと〟と〝周囲のお陰で自分が仕事をできる

という意識を持つこと〟をしっかりと自分の中に共存させているのです。だからこそ、ときに自分の意志をしっかりと主張しても、周囲が理解を示し、協力をする。

長年にわたって、正直、調子に乗ってもいいくらいの実績を出し続けながら、自分の力を過信しない。

逆説的な言い方ではありますが、そうやって、自分の力を謙虚に問い続けることも、相当な意志の強さがないとできない、とも言えるでしょう。

第一線を走り続けながらも、決して「自分ひとりで」という感覚を持たない。かつて、糸井重里が木村に「自分の強みは？」と聞いたところ、こう返ってきたといいます。

「ジャニーズです[*8]」と。

3 長瀬智也
Nagase Tomoya

——「人と同じなのが嫌なんです。人と同じほどカッコ悪いことはない。自分だけのものがいい。そういう作品でないと、取り組む自分も、見る世の中の方も面白くないかなって思う」[*1]

ながせ・ともや：1978年11月7日生まれ。神奈川県出身。姉の応募でジャニーズ事務所入り。94年、「TOKIO」のボーカルに15歳で抜擢されCDデビュー。主演したドラマ『白線流し』や『池袋ウエストゲートパーク』は、その後も続編が作られる人気作品に。その他『タイガー&ドラゴン』『マイ★ボス　マイ★ヒーロー』『うぬぼれ刑事』などに出演。TOKIOの曲の作詞・作曲・編曲を多く手がける。

尖った個性と親しみやすさの両立

「人と違う自分でいる」ことを保ちながら「多くの人に受け入れられる」こと。はたして相反しそうな2つのことを両立させるのは可能でしょうか。自分の個性を評価されて仕事を始めたはずなのに、いざとなると「それじゃ大衆にウケない」と一蹴される……そんな板挟みに悩む人も少なくないかもしれません。

「人と違う自分でありたい」という意志と一般的な感覚という、矛盾して聞こえるかもしれない2つを両立させてしまっているのが長瀬智也です。個性を貫きながら多くの人に受け入れられている「尖ったお茶の間のヒーロー」に、その秘訣を探ります。

「みんなができることは多分みんながやるから、僕がやってもしょうがないっていう思いは、ドラマでも歌番組に出る時でも、バラエティでも、心のどこかに絶対あると思います」[*2]

こう語るように長瀬は、その仕事を自分がやるべきか、その意味を強く考えているタイプ。しかし、長瀬の仕事からは、「人と同じなのが嫌」といった傲慢さは感じません。むしろ感じるのは、街中で声をかけられるというのも納得の親しみやすさ。「クンづけ」で呼び合うジャニーズの世界の中で、同じTOKIOのメンバーにも敬語を使うのも真摯な印象で、男性人気が高いのも特徴です。

長瀬の仕事は、TOKIOとして出演するバラエティの他に、俳優業と音楽活動が主。まずは俳優業、そして音楽、バラエティという順で見ていきましょう。

「テレビドラマは人生を変える」

俳優業の中でも長瀬の主戦場はドラマで、初めての出演は１９９３年。その後、17歳で主演した『白線流し』シリーズをはじめ、山田太一脚本の名作『ふぞろいの林檎たち』の最終シリーズや、宮藤官九郎（くどうかんくろう）の初連ドラ脚本作品となった『池袋ウエストゲートパーク』などに、キャリアの前半で出演します。

そこから、20年以上の間に連ドラの主演作は20本を越える勢いで、ほぼテレビドラマと共に人生を駆け抜けてきたといってもいいでしょう。

一方、映画の主演作は５本。うち、盟友・宮藤官九郎の監督作品が２本と、あまり積極的ではないことがうかがえます。

「一時期、みーんなドラマから映画のほうに行っちゃったんですよ。それを傍で見てて『ゼッテェ映画界なんか行くか！』って心の中で思ってましたもん」[*3]

これは、単なる天邪鬼ということではありません。長瀬は、テレビドラマに対する情熱が強いのです。

「僕はドラマに育ててもらったし、やっぱりテレビドラマが好きなんです。無料で、お茶の間で、手軽に見られる。それって一番のエンタテインメントだと思います。そういう場で何かをやることにこそ意味がある」[*3]と、テレビという多くの人が簡単に触れられるエンターテインメントへの愛情を強く持っています。

その根底には、こんな想いも。

「カッコイイとか素敵って思われるためにやるっていうのも、それはそれでいいけど、僕には必要ないと思ってしまう」[*2]

「自分がやるドラマや音楽でも何でも、人を楽しませたかったり、それでひょっとしたら誰かの人生が変わるかもしれないっていう思いは常に持っている」[*2]

そう、長瀬は〝自分のため〟よりも〝誰かのため〟を意識して仕事をしている人なのです。そこには、自分がカッコよく思われたいという気持ちは必要ありません。

転機となったのは21歳の時の『池袋ウエストゲートパーク』。この作品で〝誰かのため〟の意識が強く芽生えたようです。

「『責任を持ってやらなきゃな』って初めて思った。例えば、死のうと思ってた人があと1日生きてみようかなって思ったりしたら、それはすごいことだから。安易にやっちゃいけないと思った」[*4]のだと振り返ります。

テレビドラマという、多くの人が触れるものに出演していても、例えば舞台のほうが、お客さんの顔を直接見られる分、見ている人を意識しやすいという俳優さんは多くいます。そんな中、直接視聴者の顔が見えないテレビを主軸にしながらも、〝誰か〟を考えるのは意識的にならないとできないこと。そしてその〝誰か〟を考えることは、自身が一般的な感覚を保ち続けることにも繋がります。

「この世界に入ったら、どんどん一般の人とかけ離れていって、しゃべらなくなって、僕らはみんなに見てもらうドラマや音楽を作らなきゃいけないのに、一般のことが分からない人間がそれをやっているっていうのはどうかと思う」[*2]とも発言し、一般の人のことがわからなくなっている、いわゆる「業界人」に違和感を覚えているよう。

長瀬は、中心にいながらも芸能界に溺れることなく、ドラマを見たり音楽を聞いたりしている〝普通の誰か〟を想像し、自分も一般であることを心がけている人なのです。

もちろん、一般的な感覚を保つことと、個性的な演技ができることは矛盾しません。2006年の『マイ☆ボス マイ☆ヒーロー』や2013年の『泣くな、はらちゃん』などでは、〝顔芸〟と言ってもいいほど様々な表情が繰り出され、かっこよく見せることにこだわらないという発言通りの長瀬の演技が見られます。

「大人だけじゃなく、子どもに向けてって意識がどこかにあるんですよ。大人な話でも、僕は子どもに見てもらいたいと強く思っていて」[4]と意識する〝誰か〟は、大人だけではないようです。むしろ、広く一般に届けるために、あえて個性を際立たせている、と言えるのかもしれません。

そうしたキャラクターも記憶に残る一方、2013年の『クロコーチ』では悪徳刑事といった際どい役も引き受けています。

「アイドルだからこれはやってはいけないとか、そんな浅さで見ていない。そんなことで仕事をジャッジしていたら僕はこの世界にはいない。他の人にはできないとか、今のドラマ界ではこのぐらいパンチがあったほうがいいなとか、見た人の記憶に残る確信が持てるな、と思えるドラマじゃないと、自分がやる意味がないと考えています」[1]

自作曲のストックは500曲

ドラマに注力してきた一方で、長瀬は「本業はTOKIOというバンド」[3]「バラエティやドラマと同じくらい音楽でも評価されたい」[4]とも話していて、俳優活動だけではなく音楽活動でも自分を出していく意識を持っています。

TOKIOは、CDを出せばオリコン初登場1位が当たり前のジャニーズの中で、しばらく1位がとれなかったグループ。初めて1位をとったのは、デビューから7年後の2001年『メッセージ／ひとりぼっちのハブラシ』で、長瀬がドラマ『ムコ殿』で演じた桜庭裕一郎名義のソロ曲が収録されています。このヒットはドラマでの長瀬の演技が広く受け入れられた成果のひとつといっていいでしょう。

そんなTOKIOのバンドスタイルには、変化が見られます。2014年には、いわゆる〝夏フェス〟の「サマーソニック」にジャニーズとして初めて出演し、ロックファンからも喝采を浴びました。

さらにTOKIOは2013年以降、バンド内コンペのスタイルをとっています。誰かに曲を提供してもらうのではなく、テーマに沿って、メンバーが各自曲を作って、その中から選んでもらう、という形式です。中でも、採用率が高いのが長瀬のつくった曲です。

採用率が高い理由を本人は、デモの段階から歌詞を書いているから、と分析しています。ミュージシャンは、「ラララ」といった感じで仮の歌詞で歌うことが多いようなのですが、長瀬は違います。それはプレゼンを通りやすくするための小技ではなく「歌詞を抜きにして曲は書けない」からなのだそうです。「二十歳ぐらいからパソコンで音楽作りを勉強してきて、行き着いた自分なりのセオリー」[*3]と語り、自分で作った曲のストックは500を越えているそうです[*5]。

曲が採用されると、自宅のスタジオで音を作って、各メンバーに渡します。さらに、ギターの材質、ケーブル、マイク、電気のボルト数までこだわるなど、その知識量はもはやレコーディング・エンジニアのレベル[*5]。

そこまでする理由を「良くも悪くも僕らの会社は、音楽に特化した会社じゃないから、それを知ってるスタッフがいるわけじゃないんです。ってことは、自分がまず先頭に立って、そのスタッフに指示しなくちゃいけないんですね」[*5]と語ります。ジャニーズが音楽専門の会社ではないこと、その中でもバンドスタイルを貫いていることが、長瀬をこのような行動に駆り立てていったのです。そうして現在では、サウンドのみならずジャケットデザインやライブ映像の編集にまで携わるようになっています[*4]。

全てが完璧に用意されている環境など、なかなかありません。彼がジャニーズ事務所のアイドルとして生きていくことは、バンドマンとして音楽をすることにおいてはマイナスに捉えることもできたはず。しかし長瀬はその完璧ではない環境だったからこそ、自らが音楽面でのイニシアチブをとっていけるよう、自分を研鑽していったのです。

自分の置かれた環境を肯定的に捉えることで、仕事自体を好きになり、やるべきことも見え、成果も生まれる。いい循環が起きていることがうかがえます。

そんな努力の甲斐あってか、長瀬自身が歌詞、作曲、アレンジまで手掛けた初のシングル曲であり、ドラマ『泣くな、はらちゃん』の主題歌でもある『リリック』は、強い支持を集める楽曲に。ＴＯＫＩＯの20周年のアルバム収録曲を決めるファン投票で、メンバーが予想していたデビュー曲『LOVE YOU ONLY』を退け１位を獲得したのです。

「普通の感覚」こそが個性を伸ばす

自分の置かれた環境を肯定的に捉える長瀬の力は、バラエティでも発揮されています。

『ザ！鉄腕！ＤＡＳＨ!!』の放送が開始されたのは１９９５年。『ＳＭＡＰ×ＳＭＡＰ』が放送される前年のことです。もちろん先輩のＳＭＡＰがバラエティの土壌を開拓し始めていた時期ではありましたが、まだジャニーズがバラエティ番組を全力でやるのは珍しい時代でした。それが今では「農業してる人」と揶揄されがちなほど、バラエティ番組でのＴＯＫＩＯのイメージは浸透しています。

「俳優とバラエティの両方やれる人なんて、そんなにいないですから。さらにバンドっていうスタイルを持ってるなんて、うちの事務所にもなかなかいないですよ。その時点でもうオリジナルなんだから、このオリジナルを育てていかない手はないでしょ[*6]」と、ここでも環境を肯定的に捉えて、個性として生かしていく姿勢が見られます。

俳優、音楽、バラエティ……長瀬にはどんな場を与えられても、そこを自分らしい場所に変えていく力があります。

芸能界という特殊な環境を与えられたから、オリジナルな人間として生きていけるわけではありません。むしろ、その環境に飲み込まれないようにしながら、普通の感覚を保って生きていくことは大変なことです。

黒いインクの海の中に、白いインクが1滴垂らされる。そのときに、黒に染まらずに、白いインクであり続けられるから価値が生まれるのです。芸能界という海の中で、長瀬は溺れず、染まらずに、自分の白い色すなわち一般的な感覚を保ち、生きてきました。

普通の感覚を持たない人間が、人と違うことをして生きてしまったら、それはただの狂気。普通の感覚を保つことでこそ、本当の個性は生まれる。そして目的が〝誰かのため〟である限り、その長瀬智也という尖った個性は、研磨されればされるほど、多くの人に届くようになるのです。

4 国分太一

Kokubun Taichi

――「20代は休みより仕事くれって思ってた。でもDASH村で土いじりとかやるうちに、プライベートを楽しんでる奴の方が輝いてると気づいたんです」[*1]

こくぶん・たいち：1974年9月2日生まれ。東京都出身。13歳で事務所入り。94年、20歳の時にTOKIOとしてCDデビュー。近年は情報バラエティ番組を中心に活動し、演技の仕事は少ないが、2007年の初主演映画『しゃべれどもしゃべれども』では落語家役を好演。第62回毎日映画コンクールにて主演男優賞を受賞。

〝ジャニーズ史上最も売れた男〟

〝人を動かす〟には、まず〝人に好かれる〟ことから。

自分の理想とする状況を作り出すために必要なのは、力の行使ではなく、人に好かれること――。それなりの立場を得てからも、後輩肌で低姿勢。「バカだと思われてもいい」スタンスを貫く、下から目線の人で居続ける。「コミュニケーション能力」という、必要とされていることはわかるけれども、よく実態のわからない言葉の本質を教えてくれるのが、国分太一です。

国分太一は、〝ジャニーズ史上最も売れた男〟と言っても過言ではありません。『タレント番組出演本数ランキング』では、2014年から5年連続で1位を獲得しています。2018年は年間番組出演本数663本。ジャニーズどころか全タレントの中で最多の出演本数です[*2]。

NHKと民放キー局全てで同時にレギュラー番組を持つという快挙を遂げたのが2008年。これは、中居正広でも達成していない偉業です。もちろん、CDの売り上げ、舞台の出演本数など、何をもって〝売れた〟とするかはさまざまですが、少なくともテレビタレントとしてはかなりお茶の間に浸透したジャニーズであることは間違いありません。

しかし、2008年に全局レギュラーを達成した時点で、国分は34歳。事務所入りは13歳で、94年のTOKIOとしてのCDデビューは20歳のときです。

これは、ジュニア時代を共に過ごしてきたSMAPのメンバーや、90年代半ばにはドラマ出演などですでに売れていた同じＴＯＫＩＯの長瀬智也と比べると、かなりの遅咲きです。国分は、ＳＭＡＰのメンバーとして雑誌に登場していたこともあるほど[*3]、実はいろいろと〝逃してきた〟男なのです。

さらに、今の名司会者っぷりからは想像もつきませんが、人見知りが激しかったようです。普段は、前を歩く人が千円札を落としても、すぐに「落としましたよ」と言えない性格なのだとか[*4]。

そんな彼が、どう今の地位を築き上げていったのか。ポイントは国分流「人から好かれるコミュニケーション」と「時間の使い方」にありました。

「バカだと思われてもいい」

国分のことを「撮影現場でいちばん気を配っている[*5]」と評するのは、テレビ東京系『男子ごはん』で共演している料理研究家の栗原心平。国分自身も「心がけてるのは、周りの人たちがいつも笑っていられること[*6]」と語っています。そんな国分の哲学がつまっているとも言えるのがこのコメントです。

「知らない人と目が合ったら、とりあえず『こんにちは』って先に言う。人と触れあえれば、どうやっても生きていけると思うんです。この業界やめても、どんな田舎に住んでも。自信はある（笑）[*6]」

誰にでも自分から挨拶をする、とはタレントらしからぬ、と言ってもいい腰の低さです。もちろん、最初からそうだったわけではなく、20代の頃は尖っていて「人の注意は一切聞かなかった[*1]」「周りの声も聞かずにただ必死だった[*6]」「タレントが1番だっていう気持ちもあった[*6]」と振り返っています。しかし「そうじゃないと気づいてからはひとつひとつの出会いが自分を変えていった[*6]」のです。

その変化のきっかけの最たるものが、テレビ朝日系列で2005年から約4年にわたって放映された人気番組『オーラの泉』で共演した、美輪明宏と江原啓之との出会いです。

スピリチュアル的なものを扱う番組ですが、レギュラー放送開始直後は、国分は半信半疑の状態が続いていたといいます。局内のエレベーターで3人になったときに、美輪と江原に「あなた、まだ信じてないでしょ」と言われ、「やばい。感づかれた」と焦ったそうです。

しかし、続けていくうちに「目に見えないことだって、あるんじゃないか」と感じ始め、「それを否定しながら生きていたら、本当はもっと楽しいことがあるのに、気づかないまま人生が終わってしまい、損をすることになると思うようになった[*7]」のです。

最終的には「人との出逢いは必然」と感じるようになり、美輪明宏にも「あなた、目が変わった[*8]」と言われるほどに変化します。『オーラの泉』は4年で終了しますが、この番組を経て、国分の冠番組は一気に増加していきます。

その筆頭とも言えるのが、『すぽると！』をはじめとするスポーツ番組や、オリンピックのメインキャスターといったプロに話を聞く仕事。

聞き手として国分は、〝さらけ出す〟姿勢を大事にしています。「こいつバカだなって思われたほうが聞ける話もある。僕はこういうキャラってわかってもらうことが肝心[*1]」と、その低姿勢っぷりは取材でも変わりません。

「大いに恥をかきたいです。『なんですか？』『わからない』と言える強みというか、知らないことは知らないという姿でいるほうが気持ちがいいじゃないですか[*5]」と語り、自らを〝後輩肌〟とも[*3]。

低姿勢だからこそ聞き出せた話を、自分の中に日々取り入れていっているのです。恥をかくことを恐れ、自分を大きく見せることに注力する人も多い一方で、長い目で見て本当に自分が成長するためには、先に自分を下げてみるのが国分流。一見、強そうに見えるのは上から出てくる人かもしれませんが、本当に強いのは、国分のように、自分を下げる勇気のある人なのかもしれません。

もちろん、会った全ての人に共感して取り入れているわけではありません。「違うなと感じることがまた自分にとっては大事」[*9]とも話しており、引き出したものを取り入れるかどうかはまた別の判断。とにかく〝人と会う〟ことを重要視しています。

それが仕事につながることも。料理研究家のケンタロウのことは、好きな家具屋のパンフレットで見かけ、仲良くなり、一緒に料理番組がやりたくなって、自ら企画書を書いて口説いたそうです。そこで始まったのが、国分太一・全局制覇の決まり手となった、テレビ東京の『男子ごはん』です。[*1]

多忙な中でのインプット方法

全ての局でレギュラーを持つことになった国分は、どんどんと忙しくなってきます。

『すぽると！土曜版』の担当時は、基本的には毎週土曜日は現場取材に。朝6時の新幹線で出かけ、夜11時台の生放送に臨む、ということもあり、[*5]相当な忙しさです。

「アイドル＝忙しい、ということで逃げられることは多いのかもしれない。でも、（中略）番組にかかわる責任がある」[*10]として、どんなに忙しくても、自ら動くことを止めません。そんな彼の生活の悩みは「とにかくアウトプットばかりなので、そうするとペラペラな人間にしかなっていない気がして（笑）」[*3]ということ。番組というアウトプットの場ばかりになってしまい、インプットとのバランスが悪くなってしまうのです。

とはいえ、インプットのために、なんとか時間をやりくりしようとしています。日経新聞とスポーツ紙に目を通し、[*8]気になる所に線を引いて、疑問を書き込んで専門家にぶつけられるよう予習したり、[*11]記事をスクラップ。[*12]移動の新幹線の時間も、新聞や番組資料に目を通す姿が目撃されています。[*5]時間のない中でも、「どうしようもなく忙しい時期でも整理するとけっこうこれがウマくやれる」[*9]という国分は、まだまだ貪欲にこんな発言をしています。

「時間的な余裕を1時間でも今より持つことができれば、またいろいろやれます」[*9]

何か新しいことに挑戦するために、時間を確保する。

スポーツ、お散歩、スピリチュアル、ニュース、芸術、料理……と様々なジャンルを横断して番組をやってきた国分らしい発言です。そんな彼の時間の作り方は徹底的。

例えば、東京マラソン出場の準備をする場合は、マネージャーに車で送ってもらう際に、家の手前で降ろしてもらう。そして走って帰る。「これで移動時間が練習時間になります[*9]」。

この時間術を見ると、求道者のようでもあります。効率化を追い求めすぎて、人との交流や、小さな幸せを見逃しがちな人もいますが、国分はそれともちょっと違います。

「人が自然に自分の周りに集まるようになっていたら、それでいい[*8]」

時間的な効率の良さを目指しながらも、〝人とうまくやっていければ、生きていける〟という根底は崩さない人なのです。

2016年には、女児が誕生した国分。出産に立ち会い、長女と初対面したときに思わずかけた言葉も「こんにちは」だったそうです[*13]。

５　岡田准一

Okada Junichi

——「天職とは自分でつかむもの。ひとつのことをやり通すのもいいし、いろんなことに興味を持つのもいいけれど、とにかく何かを続けることが、天職とか才能と呼ばれるものに変わっていくのだと思います[*1]」

おかだ・じゅんいち：１９８０年11月18日生まれ。大阪府出身。95年、母親が『天才・たけしの元気が出るテレビ!!』内のコーナー「ジャニーズ予備校」に応募し合格。その３ヶ月後の11月に、Ｖ６としてＣＤデビュー。２００２年には『木更津キャッツアイ』でドラマ初主演。05年頃から主演映画が増え、ジャニーズ事務所史上最多の20本以上の映画に出演する。

「人間は〝頑張る〟ことに耐えられる」

思考の重なりが、人生を変えていく。Ｖ６・岡田准一の〝考え続ける人生〟からはそんな真理が見えてきます。

「小2ぐらいのときからずっと、自分はどう生きるかとか、どういう男になるかっていうことを考えてきて」[*2]と、早くから自分の人生に真剣に向き合ってきた岡田が、仕事を始めたのは14歳の時。

「普通は22~23歳で経験することを14歳から経験し始めて、『生きるって何だろう』『仕事をするってどういうことだろう』と悩んでいたんです」[*3]

その思考は決してポジティブなものばかりではなく、「劣っている」「まだ足りない」「自分は天才じゃない」といった類のものも。自分を冷静に見つめた思考が、彼を読書や運動といった、文武両道の行動に促します。

「人間は〝頑張る〟ことに耐えられる生きものだ」[*4]と信じ、「頑張るとか、耐えるって人間の特権だと思う」[*5]と話す、「努力が9割」という言葉を象徴するような岡田の人生を見ていきましょう。

キャリア10周年、24歳のときに岡田准一はこう語っています。

「3、4年働いて、ちょっと仕事がわかってきて、自分のできると思ってることと評価が違ったり、空回りっていうのもすごく早いうちに経験して。16、17ぐらいだとやっぱり実力がないし、余計にこう、あがいてしまって。そういうことを既に10代の頃に経験したんですよね。だから、いまはそういうことがあってよかったたって思えるほどラクですしね[*2]」

こう聞くと異世界の話に聞こえてしまうかもしれませんが、色々な人生の通過点が、普通の人よりも早く訪れているというだけで、特別なことではないのかもしれません。8歳から人生を考え、6年後の14歳でチャンスがやってきて、その後10年もがいて、やっと落ち着いたという岡田。大学を卒業して就職する人のイメージで置き換えれば、21歳で就職について考えだし、27歳でチャンスがやってきて、37歳くらいでやっと落ち着く……と年数はそのまま、時間軸だけずらして考えるとしっくりくる感じもします。

むしろ特筆すべきは、「すごい世界の一員になったことに慢心せずに、周囲を基準とすることで、努力が促された」ということかもしれません。

14歳でジャニーズ事務所に入所、その直後にV6としてデビュー。当時、24歳でジャニーズ最年長デビュー記録を更新した坂本昌行や長野博といった年長組や、当時のジャニーズJr.で人気を二分していた森田剛や三宅健と同じグループに入り、いきなりのデビューです。三宅いわく「ドライヤーぐらいしか荷物がなくて」「友達が寄せ書きしてくれたラグビーボールを小脇に抱えて」大阪から、東京の合宿所にやってきたような状態です[*6]。

ジュニア期間がほぼない中でのデビューは、他人から見れば大チャンスではありますが、突然のデビューに、当時はついていけないことや怒られたことも多くあったようで、そのためか、岡田准一の人生には、「いきなりデビューしてしまった」という事実が重くのしかかっています。

本1冊映画3本が日課

岡田准一は、ただ人生の起点が早かったから、早く自己を確立できた、というわけではありません。とにかくその過程での日常の過ごし方がストイックなのです。そして、そんな日常の過ごし方を変えさせたもの。それは周囲と差があるという自覚によるものだと語ります。

「芸能界に入り、『天才』と呼ばれる才能ある方々を間近で見てきました。自分は地味だから、若いうちから勉強しないと、と心に決めた[*7]」として勉強を始めます。

岡田は悩んだ時期を振り返り、「時間がもったいなくて、家でボーッとしてる時間なんて、俺には必要ねえって思ってたんです。（中略）本を読むか、映画見るかとか、勉強しなきゃ[*8]」とも語っています。

その例がインプットの量です。10代の頃「家帰ったら映画３本観て、本を１冊読んでみたいなノルマを決めて生活してた[*9]」と語ります。もちろん10代といっても、ただの中高生ではなく、多くの仕事に追われる中でのこの量です。

そうして出逢って心に響いた言葉や、映画の感想やカット割りをノートに書き留める、という作業も並行して続けました[*1]。

本は、デール・カーネギー[*10]をはじめ、考古学に心理学……フロイトやカントにドストエフスキーにニーチェ[*3]、精神世界やスピリチュアル系の本も読んで、家に遊びに来た母親に「こんなの読んでるの？」と心配されるほど[*1]。読書習慣だけでもすごいことですが、帰宅前に映画を３本借りて、朝まで見るというのもかなり大変な行為です。

「ノルマだから、ストイックに観ましたね[*9]」「寝てる時間があったら身になることをしようと。３本目なんて結局覚えていないから意味はないんですけど、筋肉トレーニングみたいなものです。毎日見なきゃって。やり始めたら続けなきゃと。強迫観念を自分で作ったようなものです[*11]」という言葉からは、ノルマを決めることで自らを追い込み、それを続けることで、自らの型を作り上げていった姿がうかがえます。

とはいえ、その日々は「下積み」というよりも、現在の岡田を「下支え」しているイメージ。その象徴が「学んでる時が幸せ」[*8]と語る岡田の言葉です。辛い下積み時代ではなく、評価される時代の前の、なりたい自分になるための蓄積の時期。それが将来の自分のためになるという確信があるからこそ、学びを幸せと感じることができる。学びという成果が出る前の努力の過程を幸せと感じられることこそ、大事なことだったのかもしれません。

岡田はそうした学びの日々を「ひたすら空洞を埋めるために勉強をした。10年目くらいで身になってきて、同時に周囲から評価や信頼を得られるようになった気がする」[*1]と振り返ります。

その「10年目くらい」にあたる2005年から岡田が担当するのが、ラジオ番組『GROWING REED』です。「人間は成長する葦(あし)である。『考える葦』は人と出会い、学び、発見することで『行動する葦』へと成長していく」という岡田にピッタリの番組コンセプト。五木寛之や林真理子、姜尚中(かんさんじゅん)といった作家から、投資家や建築家、東大教授に芸術家……と多ジャンルの専門家がゲストとして登場し、その数は500人を越えています。聞き手として彼らと対峙する岡田に信頼を寄せ、何度も登場する人もいるほどです。

岡田は「僕自身には才能なんてないけれど、唯一あるとしたら才能ある人々と出会える能力だと思っている」[12]と語っていますが、その唯一自認する出会う能力ですら、自身の努力が引き寄せたものに思えます。ちなみに読書の習慣は大人になっても途絶えず、30歳の時に「今、読んでいる本は？」と聞かれて「古事記」と答えています。[13]

3種類の武術を習得

こうして岡田は、周囲との差を自覚することで、読書や映画といったインプットをするようになり〝人生について考える時間〟を多くし、成長をしてきました。

その周囲との差についての自覚は、演者側だけではなく、プロであるスタッフにも及びます。しかも、ある程度キャリアを積んだあとにも、現場や分野が変わる度に「追いつかなきゃ」精神は変わらず発動し続けているのです。

「様になるようにカラダを動かす技術も身につけないと、スタッフの方と対等に仕事ができない」[1]

作家・金城一紀と組んで企画書を通し、映画化までは7年をかけて実現した『SP』（ドラマ版は2007年に放映。その後2部作で映画化）の時にはフィリピンの武術カリを学び、主演でありながらアクションを作るスタッフとしても参加しました。[14]

まずは自身で世界中の格闘技や武術を調べて、個人レッスンを開始。足がパンパンになるまで、鏡の前でひたすら棒を振るなどした後に、個人的に弟子入りまで果たします。カリに加え、ブルース・リーに由来する格闘技ジークンドーと修斗の3種のインストラクターの資格を取得、他にも柔術や居合など5種のトレーニングを経験するまでに。風呂に入る前には上半身裸になって棒を振るのが日課の生活で、身体のために冬でもなるべく暖房をつけないようにするという徹底っぷりです。[1]

他にも、2005年の映画『フライ、ダディ、フライ』の際には、撮影までの1年間、毎日2時間のジム通い。2013年『永遠の0』では当時の資料を調べた上で、零戦のパイロットに会いに行き、[15] 2016年『海賊とよばれた男』では、朝から「あーっ！」と叫び続けて声をからして老人声に、[16] 2017年『関ヶ原』では自分の演じる石田三成の墓に自分でアポを取ってお参りしたり[17]……と作品ごとに徹底的な役作りのためのリサーチや行動を欠かしません。

ここまで見ると、文化系のストイックさと、体育会系のストイックさを併せ持っていると言えますが、本人にはあまりストイックという意識はないようです。

「ストイックと言われるとしたら、『まだ足りない』『まだうまくない』って気持ちがあって、それを片づけていっている姿がそう見えるのかもしれない」[*18]

出発点は、自分が劣っているという自覚。成果を出しても慢心せずに続ける欠乏感は、見ている地点の高さと、新しいジャンルに常に挑戦し続ける貪欲さによるもの。自分より高い山を見るからこそ、その山の頂上にいても、さらに上を目指す。岡田には慢心という概念がないのです。

「馬を習い、格闘技を始め、自分が劣っている分を学んで補おうと、忙しいのに習い事ばかりして、自分にお金ばっかり使ってました（笑）。それが今、役立っていますし、これからも続けていきたいですね」[*4]

仕事を始めて20年経っても「35歳の等身大の社会人として見られたい」[*19]と控え目に語る岡田は、稼いだお金を自分のために使う、自己投資を怠らない社会人の鑑（かがみ）なのかもしれません。

なぜ8歳から人生を考え始めたのか

こうして、２０１４年には『軍師官兵衛』でついにＮＨＫ大河ドラマの主演を務め、同じ２０１４年度の第38回日本アカデミー賞では、『蜩ノ記』と『永遠の０』で最優秀の助演男優賞と主演男優賞をダブル受賞という快挙を成し遂げます。近年では撮影や殺陣の振付師……と、スタッフとしても映画に参加。仕事に邁進し、評価もついてきている30代の岡田は、苦悩の10代を超え、幸せそうにも見えます。

悩み続けておよそ20年、35歳でこう振り返ります。

「思い返すと僕は、ファンの皆さんやメンバーや周囲の人たちの優しさに浸って、そこで満足してしまうことを恐れていたのではないかと思います。チヤホヤしてもらうことに甘えて、そこで求められる以上のことをせず、自分がいる世界以外を見ないで、何も新しいものを生み出すことをしない自分にはなりたくなかったのかもしれません[20]」

自分の置かれている状況に慢心しないこと。どれだけ恵まれた環境を与えられても、岡田の意識は常に新しい世界へ。

とかく人は、ライバルや目標を自分の近くに設定してしまいがちです。しかし、岡田は、実際に会って天才と感じた人や、本や映画の中に尊敬の対象を見つけ、自分の発奮材料にしてきました。

「ジャニーズでデビュー」というそれだけで目が眩んでしまいそうな世界をいきなり与えられた岡田は、それでも慢心せずに、自分の頭で考え続けて、外の世界を意識し続けてきたのです。結果的に俳優としても聞き手としても……ジャニーズという世界の外でも成果を出し続ける存在になっています。

それにしてもなぜ岡田は、ジャニーズ入りより早い８歳の段階で、自分の人生を考え始めたのでしょうか。人生の転機を聞かれた時に、８歳での両親の離婚を挙げています。

「離婚会議をしている絵っていうのを、すっごい覚えてます。なんか家族で会議をしていて、覗いてたら『覗くな』って言われた絵と、親父が歩いてって『じゃあな』って俺に言って出ていった絵がしっかりと焼き付いていてて。それをやっぱり鮮明に覚えてるかな」[*9]

父の不在は、岡田の男としての自覚を強くします。

「父親が突然、自分の目の前からいなくなったこともあって、乗り越えるべき存在というか、理想の大人像がなくなってしまったので、自分で見つけなきゃと思ったんです」[*11]

自分が失ったものの中に、自分の理想を見つける。デビューがすぐに決まっても、決して驕ることのなかった岡田の〝幸福な努力〟の日々は、〝自分の理想の大人〟に自分自身がなるための日々だったのかもしれません。

そして、父親がいなくなった後、家族3人で生きてきた岡田は、自分の人生で、後悔している発言として中学生の頃を振り返り、こんな話をしています。

「『自分が何を守るのか』というのを考え始めたのが阪神大震災の時。その時、自分が唯一発言したことで後悔したことがあって……。お姉ちゃんが泣き叫んでいる時に、『うるせえ』って言っちゃったんですよ。中3だったんですけど、てんぱっちゃって。人に言った言葉で、後にも先にもそれだけはとても後悔していて」[*16]

阪神・淡路大震災が起こったのは1995年の1月。その後、母が履歴書を送り、岡田がV6としてデビューするのは、同じ年の11月のことでした。

考えずに言ってしまった言葉。そのあとに訪れた転機。そして、その後悔をずっと忘れずにいた上での、それからの20年以上の思考と努力の日々。

考え続けることでのみ、人生は後悔しないものになるのかもしれません。

６ 井ノ原快彦

Inohara Yoshihiko

――「歌も芝居も、上には上がいたし、一番になるとかじゃなくて、楽しくやることが僕の個性なんじゃないかって気づいた」[*1]

いのはら・よしひこ：１９７６年５月17日生まれ。東京都出身。88年、ジャニーズ入り。95年、Ｖ６としてＣＤデビュー。その後、舞台、ドラマ、映画、バラエティ番組と幅広く活躍。２００７年に瀬戸朝香と結婚。相手と並んで結婚の記者会見をしたのは、ジャニーズ事務所史上、井ノ原ただひとりである。

徹底的な〝嫌われない覚悟〟

「そんな暗かったら誰も話したくないよ」[*2]

入所した頃に、そうジャニー喜多川に怒られたという井ノ原快彦。

８年間務めたＮＨＫ『あさイチ』で見せた朝の顔としての笑顔のイメージからは想像もつきません。そう考えると、〝明るい人〟もまた〝生まれるもの〟ではなく、〝なるもの〟なのかもしれません。

現在の井ノ原の笑顔の根底にあるのが、人への敏感なアンテナです。自らは「潔癖症[*3]」、有働由美子は「人の痛みを感じるセンサーみたいなものが敏感[*4]」と評するそれは、ある種徹底的なまでの〝嫌われない覚悟〟と言い換えてもいいかもしれません。

そんな井ノ原の〝嫌われない覚悟〟を生み出す姿勢は、大きく4つの要素に分けられます。

①自分で自分をコントロール
②知識よりも気持ちを重視
③努力は〝相手のため〟にする
④相手を絶対に否定しない

ひとつひとつ見ていきましょう。まずは①に紐づく井ノ原自身の話から。

そもそも井ノ原は、決して早く日の目を浴びたタイプではありません。

小学生の頃はアイドル雑誌を買ってきては、そこに掲載されていたファンレターの宛先や電話番号にひたすら電話をしたり、履歴書を送っていたという行動派。[*5] 石原軍団にも憧れましたが、12歳で入所したのがジャニーズ事務所でした。[*6]

井ノ原のデビューはジャニーズの中では決して早くありません。1995年、19歳でのデビューの前には、すでに同学年の友人である松岡昌宏はデビューし、活躍していました。TOKIOやKinKi Kids、後輩のバックダンサーを務めることも多く、それが屈辱で、耐えられずにやめていく者も多かったといいます。[*7、*8]

しかし井ノ原は、後輩のバックにつく自分たち年長のジュニアを「僕らはスペシャルゲストなんだ」「招かれて踊っているんだ」[*8] と勝手に物語を作り、妄想して乗り切っていたそうです。[*7]

そんな自分で自分を鼓舞する姿勢は、デビューしても変わりません。例えば、コンサートで1日2回公演があって、体力的にしんどいときも、無理矢理「やったー！　2回公演!!」と床に膝をついて叫ぶ。「そしたらホントにそんな気になって。人間って、ちょっとしたことで気持ちが180度変わる」[*7] のだと語ります。

そんな井ノ原の切り替え術は、メンバーもうまく利用するほど。公演に慣れや飽きが出てきたことを感じると、リーダーの坂本昌行が井ノ原に合図。すると井ノ原は「よっしゃー、今日もコンサートができる!!!」と叫び、グループの士気を上げているようです。もちろん井ノ原本人も「実際に声に出してからステージに出ると、不思議なことに本当に頑張れる」[*9]のだといいます。

自分で自分の気持ちをコントロールする技術は、テンションを上げるためだけではなく、下げないためにも使われます。

「自分の失敗を100年覚えている人なんていないわけだから。そう考えると失敗なんて屁でもない」[*5]

これが、井ノ原の「①自分で自分をコントロール」する技術。どんな状況でも、自分で自分を鼓舞して、気持ちをコントロールできるのです。

「気持ちを考えないほうが罪」

次に「②知識よりも気持ちを重視」です。

井ノ原の代表的な仕事と言えば、2010年から8年間にわたって務めたNHKの『あさイチ』のキャスター。実はこの番組で、井ノ原が喋るコメントは全てアドリブ。それどころか、VTRが終わったあとに、誰がコメントするのかも、直前にカンペで知らされたのだといいます。[*10]

大事にしているのは「何も知らないので教えて下さい」というスタンス。「知らないことを恐れるのではなく、教えてくれる人が周りにいっぱいいる状況をつくることがコミュニケーションの近道」[*9]だと語ります。

逆に、視聴者が知らないであろうことにも敏感です。例えば、こんな気遣いも。

「『坂本くんがさ』とか突然話しても『どこの坂本くん？』って言われちゃうから、毎回『僕V6っていうグループをやっているんですが、そのリーダーに坂本っていうのがいましてね』ってちゃんと説明するようにしているんです」[*2]と、V6ほどの人気グループのメンバーでありながら、知らない人がいることを前提に話をします。「っていう」という言葉を使ってちゃんと説明できるのは、他者への想像力がある証拠。V6を知らない相手の気持ちを慮って、優しい想像力を働かせ言葉を選びます。

「知らないことがあってもいいと思うんです。それよりも、人の気持ちを考えないことのほうが罪だから」[*2]と語るように、井ノ原は、自分に知識がないことは恥じませんが、相手に失礼がないようにすることには徹底的に力を尽くします。

それが「③努力は〝相手のため〟にする」です。

例えば『あさイチ』で週に一度ゲストを招いてトークするコーナーでは、1週間ほどかけて、ゲストの作品に目を通すといいます。[*9] もともとは、前日に打ち合わせをし、資料をもらっていたのが、それでも時間が足りないという井ノ原の申し出により、1週間前に渡してもらうことにしたそうです。[*4] 資料を読み込んで知識を入れるのは、相手を不快にさせないため。[*4] 相手に真摯に接する姿勢は、女性との接し方でも共通です。

「褒めるときも本気じゃないとすぐバレるとか（笑）、いろいろわかってきましたね。だから、本気で褒めるために、女性に限らずですけど、その人にちゃんと興味を持って、いいところを探すようにしてます」[*11]

逆に自分が話を聞かれる立場になる時には、質問する側が少々失礼でも、井ノ原は空気を壊しません。例えば新作の映画の公開時には、取材日が設けられるのが通例。その日は一日中、色々なメディアのインタビュアーに同じ質問をされ続けることも。それでも井ノ原は「待ってました、その質問」といってインタビュアーのテンションを上げるそうです。[*9]

「1回口に出すと、結構言えるもんですよ。すると、『言霊』じゃないですが、言葉によって自分の気分が上がり、相手も愛情を持って話してくれる。結果的に僕もうれしくなる[*9]」

「結果的に自分のためにもなる」とはいえ、「待ってました、その質問」と半分ウソをついてまで、場の空気を良くしようとするのは、徹底しています。本人も自覚はあるようで「たぶん僕、自分の周りの人が1人でも居心地悪そうにしていたり、苦しんでいるという場に対する潔癖症[*3]」と自称します。

『あさイチ』で井ノ原とともに、番組を引っ張った有働由美子アナウンサーも「イノッチは、私のことも含めて、ゲストをどう立てようかということに全神経が向いているし、人の痛みを感じるセンサーみたいなものが敏感[*4]」と評します。

そんな井ノ原の対人コミュニケーション技術の最たるものが、「④相手を絶対に否定しない」です。

「人間って、否定癖がある気がするんですよ。『否定』は、俺のやり方は正しいっていう自信から来ますよね。でも否定すると、相手から『いや違う』ってさらに否定が来てお互いに自信を失う。それだと、コミュニケーションが成り立たないですよね。まず、『いいね、それもありだね』と言えば、コミュニケーションが成り立って、『でもそうすると損だよ』と続けられる[*9]」

まずはなんでも肯定から入るという姿勢。これがいきすぎて仕事の打ち合わせでは、「そろそろ否定してもらってもいいですか？」と言われるほど「肯定マン」になってしまうこともあるようですが、[*9]だからこそ、ゲストにもスタッフにも嫌われない井ノ原快彦でいられるのでしょう。逆の言い方をすれば、自分が否定されないためには、相手を否定しないことが一番の近道、ということかもしれません。

人を傷つけないことに徹底的になれるのは、自分も傷つきやすいから。繊細な人ほど、人を傷つけない振る舞いができる、とも言えます。まずは自分で自分を喜ばせることで、相手を喜ばせるコミュニケーションをする余裕ができる。

入所から約30年。暗いと怒られた少年が、日本人の日常として周囲を明るく照らせるようになるまでの日々は、人への敏感なアンテナをより研ぎすませていった時間だったのかもしれません。

７ 堂本剛 *Domoto Tsuyoshi*

――「奇跡を現実に出来る人ってホントに少ないと思うけど、みんな、出来ないわけじゃないんですよ。やろうとしないだけなんですよね」[*1]

どうもと・つよし：１９７９年４月10日生まれ。奈良県出身。小学６年生の時に母と姉が履歴書を送ったことがきっかけでジャニーズ事務所入り。93年にＫｉｎＫｉ Ｋｉｄｓを結成、97年に「硝子の少年」でＣＤデビュー。以降シングル40作連続初登場１位を記録し、ギネスにも登録されている。ソロとしても約２００の自作曲を持ち、約20年でシングル・アルバム各10枚以上を発表。旺盛に音楽活動をしている。

アイドルとしての成功と壊れる心

世界を変える人は、いつも孤独である――。

本当は「普通」なんて存在しない世の中で、「普通」があるとされてしまっている。

だからこそ前例がないことをやろうとすると、「普通じゃない人」というレッテルを貼られる。独創性があるがゆえの孤独。才能があるがゆえに、世界と折り合いがつかずに、生きることがしんどくなってしまうこともある。

そんな世界の中を、自身の書いた詞の通り「こぼした砂をかき集めるような繊細な仕草」[*2]で生きてきたのが堂本剛です。その繊細さは「アイドルでもあり、アーティストでもある」という唯一無二の状況を作り上げました。

アイドルでもあり、アーティストでもある――。

以前ならば、この表現は矛盾をはらんでいたはずです。

広く大衆的な人気を誇るのがアイドルであり、アイドルほど大衆的ではないけれど、深く人の心に届くものをつくるのがアーティスト。そんな認識が自然となされていたからです。

しかし、堂本剛は「アイドルであり、アーティスト」と形容してもなんの矛盾もない人と言っていいでしょう。

まずは、アイドルとしての堂本剛がいかに結果を出してきたか、という話です。

ＫｉｎＫｉ Ｋｉｄｓとしての CDの売り上げはデビューシングル『硝子の少年』の

１７０万枚を越える大ヒットを筆頭に、デビューからの連続オリコンチャート１位の記録は40作を越えてもなお更新中で、ギネス認定もされています。

人気は音楽面にとどまりません。ＣＤデビュー前の90年代中頃から冠番組を持ってテレビでも活躍。『人間・失格～たとえばぼくが死んだら～』『若葉のころ』『金田一少年の事件簿』など、ＫｉｎＫｉ Ｋｉｄｓ／堂本剛個人を問わず、出演するドラマが軒並み高視聴率を記録します。もちろん、ＣＤデビュー後も『to Heart ～恋して死にたい～』『Summer Snow』と主演ドラマがヒットし、アイドルとして大衆的・商業的な成功をおさめていきます。

しかし、そうした成功の一方で、剛は心を病み始めます。

「僕のいる芸能界も、外からは華やかに見えても裏は真っ黒で、そんなこと一切なかったかのようにステージに上がるのが芸能界だっていわれて、そうですかとは飲み込めなかった。正義感が強いというかクソ真面目というか、自分が自分で生きられない悲しみに負けそうな日々が続いた時期があったんです[*3]」

ＣＤデビューから６年が経った２００３年には、過換気症候群、パニック障害と闘病中であることを告白。

「『信じたのに裏切られた』を繰り返していた若い頃」[*4]「苦痛で人間不信にもなりました」[*5]などと、ラジオやライブ、エッセイなどで語っていますが、精神的にきつくなっていったのです。

アイドルとしての成功の陰で、自分が自分として生きられない悲しみを背負った剛。せめて本当の自分が出せる場所として選んだのが、ファッションと音楽でした。

自らプレゼンするアーティストへ

堂本剛のファッションは、今でも個性的ですが、2000年代前半の剛のファッションの特徴は、レギンスとアシンメトリーと言われる髪型でした。

それぞれ、スパッツのようなもの、左右非対称の髪型と説明すればよいでしょうか。今やこの2つは、日本にとどまらず、台湾などアジアでも流行し、オシャレに敏感な男性は経験したことがあるという人も多いはず。しかし、です。

「アシンメトリーのヘアスタイルも、レギンスとショートパンツのレイヤードも、初めてやった頃はほとんど変態扱いだった[*6]（笑）」

当時の世間の反応は、本人もこう振り返って語るほど。高校生だった私もやってみたことがありますが、男性がスパッツをはくという珍しい行為に加え、私の苗字が「シモダ」だったという不幸が重なり、その後のあだ名が「志茂田景樹」になった苦い思い出があります。

しかし、剛がそれを続けることで、徐々にそのスタイルは浸透していきます。そして堂本剛は、『ＰＳ』『ＦＩＮＥ ＢＯＹＳ』といったファッション誌で連載を持ち、表紙を飾ることもしばしばあるファッション・リーダーになっていったのです。

最近でこそ、男性ファッション誌に登場するジャニーズタレントも多くなってきましたが、剛はその開拓者といっていいでしょう。

もうひとつ、剛が〝自分であること〟にこだわったのが音楽です。編集されるテレビや雑誌と比べて「歌のほうが、僕は本当のこと言えるんだ」[*7]と気づいた剛。

２００２年に剛は、ＴＢＳ系ドラマ『夢のカリフォルニア』の主題歌『街』でソロデビューを果たします。ジャニーズ史上、自作の曲でのデビューは初。以降、ソロの楽曲は、自らの手で作り続けています。

『街』は、当時の剛の精神状態に呼応するかのように「愛を見失ってしまう時代だ」と歌い上げる詞で、アイドルのつくる歌詞としては異色のもの。[*8]

当時は事務所に呼び出されて、2時間ほど「監禁」され「アイドルはメッセージとかじゃなくて、ラブソングを書くべきだ」と怒られたこともあったと振り返ります。[*9]
その経験を、彼は活かします。26歳となった2005年末、「ENDLICHERI☆ENDLICHERI」という名義での、ソロ音楽プロジェクトを始動させる時には、自ら企画書を書き、事務所に対してプレゼンをしたのです。自分で企画書をプリントし、配って、事務所内でプレゼン。上層部から質疑応答を受け、リアルなお金の話など、条件を確認されたりもしたそうです。そんな過程を経て承諾を受けてから、プロジェクトは始動しました。[*10]
始動後も、アートワークから、宣伝方法の会議にまで出席。その後、剛のソロプロジェクトは、ENDLICHERI☆ENDLICHERI→244ENDLI-x→剛紫→堂本剛→ENDRECHERIと名を変えて継続。ファンク・ミュージックを中心に、発表した自作曲は約200。独自の世界を表現し続けています。
ライブが行われる場所も、平城京遷都1300年を記念して行われた、奈良の飛鳥歴史公園の石舞台や薬師寺大講堂、京都の平安神宮など、普段はライブが行われることのない場所ばかり。剛の想いが通じて、許可がおりたのです。

「変人」だからできるものづくり

ファン層も広がりを見せます。

２００６年、全１００公演が行われたENDLICHERI☆ENDLICHERIの横浜でのライブの光景は忘れることができません。『ソメイヨシノ』という楽曲にあわせて、母との思い出を語る剛。その時点ですでにすすり泣いていた私ですが、観客とのコール＆レスポンスの時間に「男だけで！」と煽るタイミングがありました。

「そんなに男はいるのだろうか？」と思った瞬間。会場からは、轟く男性たちの声が。見回すと、私と同じ堂本剛型のアシンメトリーの髪型をし、スパッツをはいた紫色の「志茂田景樹」たちが、一斉に声をあげていたのです。

このとき、アイドル・堂本剛はアーティスト・堂本剛に変化し、小さな革命が起こり、世界は引っくり返っていた――そんな感覚を覚えました。

２００７年にはこう語っています。

「10代の子がアイドルと呼ばれて夢を売るのは日本を盛り上げるためにもいいことだと思うんですけど、時を重ねて大人になった僕たちはメッセージを持っていなければいけない」[*11]

そして、音楽面でもミュージシャンたちから高い評価を得るようになりました。RIZEのKenKenを筆頭に、アイドルのライブには参加しないようなミュージシャンたちが剛のライブではこぞって演奏している上に、アルバムには山下達郎も「弾かせてよ」と志願し、ギターで参加。また、ももいろクローバーZなど、ジャニーズ事務所の後輩以外にも、ミュージシャンとして楽曲提供を行っています。

こうして〝普通ではない〟剛の感性は、音楽やファッションの尖った表現に昇華。KinKi Kidsが「広く」「一般的に」届いたとすると、規模的には少し小さくはなるものの、剛の個人活動は「深く」人の心に届いていると言えます。剛はこう語ります。

「ものをつくったり生み出す人は変人であるべきだし、正常じゃない方がいい」[*12]

「人間らしく生きている人には興味がわくけど、誰かに言われた『こうしておくことが無難』という日常を、ただ過ごしているだけの人とか、本当に興味がない」[*12]

「正常じゃない」「変人」であることを強い意志で貫くことは、「普通」や「無難」を好む人たちのほうを見ないで居続ける覚悟が必要です。それは規模的には対象となる人を狭めてしまうことになるかもしれませんが、世間の普通に合わせずに懐疑的な視点を持ち、自分の価値観を守り続けることで、剛はアーティストになりえたのです。

堂本剛は、たとえそれが〝世間の普通〟からは変わって見えても、〝自分の普通〟を強く強く貫き続けた人なのです。

なぜ心を病んだのか

こうして剛は、心を病みながらも、自分を表現することでアーティストとして一定の評価を得ます。30歳を超えたあたりからは、以前よりも精神的にも落ち着いて活動をしているようにも見えます。

忙しすぎて「18〜25歳くらいまでの記憶がほぼない」[*13]という剛。

もちろん、忙しさも要因ではあると思いますが、なぜ剛は心を病んだのでしょうか。その答えはひとつではないはずですが、おそらくこう言えるのではないでしょうか。

堂本剛は、アイドルである前に、人間であろうとしたのではないか——。

アイドルにも色々なタイプの人たちがいて、アイドルとしての自分と本当の自分を別人格だと捉えて切り離して活動する人も、また、アイドルが嫌であればやめてしまう人もいるはずです。

しかし結成から25年、ＣＤデビューからは20年を越えて紆余曲折ありながらも、剛はＫｉｎＫｉ Ｋｉｄｓであり続けています。「愛せる傷だってあるはずだ[*14]」とも語る剛。自分を押し殺してアイドルを演じることもせず、一方で、感性を麻痺させ、何も感じなくなることもせず、ひとりの人間として繊細なまま戦い続けたのです。

「記憶がなかった」という時期を過ぎ、少し楽になったと語る２００７年頃から、よく剛は、こんな発言をしていました。

「これからのアイドルは偶像ではなく現実を見せていくべきだと思う」

そう、剛が見せてくれたのは、ただただ明るく笑う偶像のアイドルではなく、迷い傷つきながら心を病んでも、自らを貫く堂本剛という〝現実〟だったのです。それから10年以上が経ち、ジャニーズの後輩でもパニック障害を告白し、きちんと休業期間をとる者がいたり、ジャニーズに限らず表面的な姿以外の部分を見せるアイドルもいる現状を考えると、少しずつ、この時の剛の理想の世界に近づいているように思えます。

２０１７年には突発性難聴を発症。動揺はしながらも、「僕は表現者なので、その『なんでやねん』って感覚を今後は曲に落としていく[*4]」と表現者として前を向きます。

繊細さという強さ

しかし、ここで強調しておきたいのは、堂本剛は繊細な人間ではあるけれど、弱い人間ではないということです。

もちろん、人を押しのけるような、厚顔無恥な強さは持っていません。ソロデビュー曲で「痛みまでも見失いたくない」[*8]と歌った彼は、心を麻痺させるくらいなら、たとえ痛くても弱さを抱えたまま生き抜くことを選んだ人です。

「僕は〈誰かのための自分〉になるのがすごく下手なんです」[*15]

自分を保つことが大変な世界の中でも、自分であり続けることで、結果的に多くの人の心を救ってきました。この繊細さは強さと言っていいのではないでしょうか。

この剛の〝繊細さという強さ〟の根源は次の一言に集約されています。

「自信をもつということは、自分の意志に自信をもつということなんです」[*16]

剛の自信の根拠は、ＣＤを何枚売ったとか、視聴率何パーセントを叩き出したとか、そういった客観的に共有できる数字ではなく、自分がどれだけ自分であり続けられたかにあるのです。それは彼が自分の頭で考え続けたことを、なんとか形にしてきた自負があるからかもしれません。

「人は新しい事をしようとした時はとやかく言われるんですよ。（中略）不安だからこそ叩くんですよ。でもね、新しい何かを始めようと世間に投げる時は、その法則でしかないんですよ。なかなか上手く説明出来ないから新しいことなんであって。前例がないから例える事が出来ない」[*1]

この発言をしたのは２００６年ですが、それから10年以上が経ち、剛は新しいことにチャレンジする時に感じる孤独も非難も、自分の成長につながると信じて進めるようになっていきます。

「たとえば世の中が〈これが平和だよね〉って言ってる空気が自分にとって気味が悪いと感じたら、そこからはぐれたほうがいい。世間からはぐれると〈あいつは頭がおかしい〉って非難されるし、孤独にもなるけど、でもそこにこそ自分の人生の色があると信じて旅立ったほうが、成長出来ると思う」[*17]

もちろん、根底には優しさと繊細さを持ちながらも、意志なく無難に日常を過ごす大衆の意見には左右されることなく、自分の意志を貫いていく。それが、堂本剛の強さなのです。

「自分を偽ることを繰り返していくと、絶対に麻痺しちゃう」[*17]

こんな危機感を持って、アイドルの前に人間であろうとした剛は、きっと自分と同じく、世の中の空気に麻痺せずに、人間らしく生きている人に対し、自分の表現を発し続けているのです。

しかし、こうして発言を並べると、堂本剛は独自の表現を続けながらも、孤独の中を生きているようにも感じられます。独創性と孤独は隣り合わせ。

そんな剛の最大の理解者がジャニー喜多川です。彼もまた独創性があるがゆえの孤独を抱えています。

堂本剛は、ジャニー喜多川が漏らした一言が印象に残っているといいます。

「僕が創造することを誰も分かってくれたことがない」[*12]

世界の先頭を走る者のみが感じる、理解者がいないという孤独。そこで堂本剛は、ジャニーの言うエンターテインメントを実現できる人間になろうと意を決します。

そう考えると、先に引用したこの発言は、自分のことだけではなく、ジャニー喜多川のことを言っているようにも思えてきます。

「ものをつくったり生み出す人は変人であるべきだし、正常じゃない方がいい」[*12]

剛がジャニー喜多川の理解者であろうとしているなら、その逆も然り。実は最初に、ひとりで音楽をやれ、とアドバイスをしたのもジャニー喜多川です。さらに、その後も「変化球を投げ続けろ」[*9]と剛の人と違う部分を優しく肯定し、表現に変えていくことを促すようなアドバイスをしています。〝普通〟でいられなかった人間同士が、お互いの創造性を支え合っているようにも見えます。

絶望の淵にいた人間が、自分を保ちながら成長し、理解者を得て、少しずつ世界を変えていく。それこそが、この世界における〝奇跡〟なのかもしれません。

8 堂本光一 *Domoto Koichi*

――「常に『未完成』でありたいですね。言葉を替えると、未完成だからこそ、明日に向かってチャレンジができる」[*1]

どうもと・こういち：1979年1月1日生まれ。兵庫県出身。小学校6年生の時に、姉が事務所に履歴書を送り、ジャニーズ事務所入り。93年にKinKi Kidsを結成、97年にCDデビュー。構成・演出・プロデュースを務める主演舞台『Endless SHOCK』は、『菊田一夫演劇大賞』を受賞、2000年の初演以来通算1700回の上演を達成。帝国劇場の単独主演記録を更新した。

対照的な2人

チームで仕事をすることの意味とは何なのでしょうか。ひとりでも進めるかもしれない人生において、あえて誰かと〝組む〟意味。能力の高さを自負する人ほど、自分ひとりでやったほうが早いし、完成度も高いと思ってしまいがちです。ただ、うまく人に任せることができれば、自分も集団もさらなる進化が望めるかもしれません。

ひとりでも完璧にできるように動きながらも、ＫｉｎＫｉ Ｋｉｄｓというコンビを組み、さらに舞台では座長としてカンパニーを率いる堂本光一はチームで仕事をすることの意味を見出します。

ＫｉｎＫｉ Ｋｉｄｓは、よく対照的と言われる2人です。ファッションリーダー剛と、ファッションには興味がなく、1ヶ月の地方遠征でもパンツ2枚と、私服2着で過ごすという光一[*2]。ジャニーさんには1回しか怒られたことがないという剛[*3]と、怒られ通しで育ってきているという光一[*4]。

そんな表面的な部分だけではなく、2人は生き方や仕事に対する姿勢も重なりません。それまでのジャニーズらしからぬ、変化球を投げ続けてきた堂本剛に対して、ジャニー喜多川の理想のショービジネスの道を、粛々と追い、走り続ける堂本光一。異端の道を自ら作っていった剛と、ジャニーズ本流の道の中心に堂々と立ち、鍛錬を続ける光一。

さらに具体的な違いを言えば、「ミュージカルをやってみないか」と言われ即答で断った堂本剛[*5]に対し、堂本光一は帝国劇場でのミュージカル『ＳＨＯＣＫ』を続けています。ジャニー喜多川の理解者・剛と体現者・光一と言い換えてもいいでしょう。

『ＳＨＯＣＫ』はもともと、ジャニー喜多川の作・演出の舞台で、光一はそれを２０００年から５年続けたのちに、２００５年からは自らが構成・演出・プロデュースを務める形で『Endless SHOCK』にリニューアル。光一個人も、森繁久彌（もりしげひさや）が持つ帝国劇場の単独主演記録を23年ぶりに更新、上演回数１７００回を越えても、発売と同時に全席完売、「日本一チケットが獲れない舞台」と言われる状況が続いています。

光一というひとりのアクターがここまで幅広く手がけるというスタイル自体が、世界的にも珍しいようで、世界的なダンサー・振付師であり、『マイケル・ジャクソン THIS IS IT』のディレクターも務めたトラヴィス・ペインに「演技、歌、ダンス、アクションのすべてを、一つの舞台でここまで一人でこなす人はたぶんいないよ」[*6]と言われるほど。

まずは光一の「ひとりでの」こだわりを見てみましょう。

全ての行動をルーティーンに

『ＳＨＯＣＫ』を中心とする光一の仕事の姿勢は非常にストイックです。例えば、２ヶ月の上演期間中は、生活を毎日同じルーティーンにします。起きる時間、シャワーを浴びる時間、食事、ウォーミングアップをする時間を全て決めて、毎日それを〝厳守〟する。その理由は「自分にミスの言い訳ができないようにするため」です。

「アクシデントが起きたとき、毎日を同じに過ごしていれば、『あのせいだ』と逃げ道が作れないじゃないですか。それに、毎日同じことをやっていたほうが、その日の自分に何が足りなかったかも見えやすい」[*6]

ストイックな姿勢は公演中だけではありません。光一は、DVDなどの映像作品の編集にも、自ら編集所に行って立ち会います。その関わり方は、片手間のものではありません。例えば1曲の編集を昼間の3時に始めて、夜中の3時までかけ、それでも終わらなかったこともあるほど。期間としても半年かけるといいますから、相当な時間です。そこでカットはもちろん、細かい音の調整から、発色に至るまで自ら考える。

当然、そこまでやれば、スタッフとの意見の衝突も出てきます。例えば、寄りの画(アップ)を使いたがるスタッフと、引きの画で全体像を見せたがる光一。普通はタレントの側が、自分のアップを使いたがりそうなものですが、その逆です。光一はあくまで作品としての完成度を高めたい人なのです。[*2]

そのスタンスは、光一がライブ中にファンに手を振らない理由にも表れています。もちろん、お客さんの目を見て手を振れば、心をつかめることはわかっている。しかし、割と早い段階で「これ要らないな」と思ってしまったのだそうです。その理由は「ファンサービスよりパフォーマンスで、お客さんの心をつかめるアーティストになりたい」という目標を自分に課したから。

「『もう一度手を振ってほしい』と言われるより、『もう一度あのステージを見たい』と言われる人になりたい。そのほうが僕は100倍うれしい」[*2]と語ります。

〝捨てる勇気〟と〝託せる自信〟

ただ、完璧主義がたたり、自分で抱え込みすぎてしまうとパンクしてしまうことも。光一は、演者でありながら演出もし、全体をまとめる座長でもあります。2005年にストーリーまで手がけるようになったときには「完璧にしなきゃいけない」という思いが先走りして周りが見えなくなったり[*7]、やるべきことをたくさん抱えて「あれもやらなアカン、これもやらなアカン」とパニックになったりしたことも[*2]。

しかし、そういった経験から身についたのが、〝捨てる勇気〟。いわく「〝今すべき、一番大事なこと〟に集中してやることを覚えた。そうしないと、結果的に何もできない[2]」

さらに、周囲を否定してしまうのは、自分の小ささが原因だと反省もします。

「周囲に対して『それは違う』って言うのは、『やりたくない』んじゃなくて『できない』だけ。自分にできる器がないってこと[7]」

そうして、何もかも自分で見なければ気が済まなかった時代を経て、人に任せられるようになっていくのです。

「自分だけの視野でものづくりをしていても、限界があって、ある程度のものしか生まれてこないんです。少々不安があっても人に託せるかどうか。座長としての自信って、そういうところに表れる気がします[2]」と語る姿からは、自信が感じられます。

また光一は、「悩んでいる時間がない」「落ち込んでいるヒマがない」と語るほど、非効率であることにはシビア。不安が出てきたときの対処の仕方も冷静で論理的です。

まずは抱えている問題を「長引くもの」と「長引かないもの」、「自分ひとりで解決できるもの」と「できないもの」に峻別。それらを整理した上で、ひとりで解決できるものはさっさと解決する。ダラダラ考えても答えが出ないものに関しては、「考えない」という意識を持つ[2]。

それでも人は、その問題を完全に忘れることなんてできないものですが、光一は〝無意識の境地〟として、その状況を肯定します。

「問題点に対して、真正面から考えて……ってやってるとそれはストレスになってしまいます。そうじゃなくて、『もう考えない』って自分に暗示をかけてノホホンと過ごしつつ、でも頭のどこか無意識の片隅では常に考えてる……そういう状態が作れると、ある日突然アイデアが浮かんだり、解決策が生まれたりして、いい方向に導いてくれる」[*2]

このように堂本光一の発言はいつも示唆に富んでいます。目標を聞かれても「明日の自分さえもわからない」「その日の公演をぶっ倒れる気持ちでやること。じゃないと後悔するから」などと、とにかく目の前のことにベストを尽くすことを強調します。

「俺は今まで、『これでいいんだ』と思ってやってきたことは、一度もない。将来について聞かれたときも、いつも『目標はありません』と答えてきた。それは、自分がやれることの、上限を決めたくないって気持ちが、あるからなんだと思う」[*8]

そんな光一の考え方は、例えばよくある、〝目標を設定して人生を計画する〟タイプの夢の叶え方とは対照的です。

「世の中には、自分の余命をあと何年と仮定して、それまでに実現したい夢や極めたい芸術（＝ゴール）から逆算していく方もいると聞きます。けど僕はそういう考え方はしないかな。それより、『今この時、自分に何ができるか』にすべてを注いでいきたい」[*2]
目標を設定すると、それが上限になってしまうから、目標は決めない。「完成形」を定義しないからこそ「常に未完成」の精神でいられて、向上し続けられるのです。
「結局、仕事が趣味なんでしょうね。仕事がプライベートみたいなものだから、そのほかにプライベートを持つ必要がない。だから、ストレスも感じません」[*1]

「理解できない」相手といるのが成長

さて、相方・堂本剛との関係性はどうなのでしょうか。これに対しては剛が明快な答えを残してくれています。

「光一のことは理解できません。こう言うと、すぐ『仲が悪い』とか言われるんですが、そうじゃない。たとえば光一はＦ１が好きだけど、僕は興味がない。嘘ついてまで『俺、Ｆ１好きなんです』って言う必要、ないじゃないですか。理解できない人と一緒に何かをするのは、成長だと思うんです。本当に、言葉では説明できない関係性というか、信頼関係というか……（中略）『光一くんに興味がありますか？』と聞かれたら、ないですよ。向こうだってないでしょうし。（中略）異なる者同士を組ませることで、新しい何かを生み出そうとする。ジャニー（喜多川）さんは、クリエイターなんです[＊9]」

簡単に「私たち似てるよね！」などと言わず、お互いが別物だという認識の上で、一緒にいられること。それこそが、大人の友情であり、真に尊重し合うということなのかもしれません。理解できないから仲が悪いということではなく、理解ができない人と一緒に居続けるということで、２人は進化し、新たなものを生んでいっています。

自らの向上のために、自分ではない誰かに、何かを任せる。誰かと〝組む〟ことの意味を、光一は２人組のＫｉｎＫｉ Ｋｉｄｓという、最小の集団を組んだときから、体感していたのかもしれません。

9 櫻井翔 *Sakurai Sho*

――「僕のやり方が合ってるかどうかはわからないけど、『僕じゃないとできないこと』を信じてやっていきたい」[*1]

さくらい・しょう：1982年1月25日生まれ。東京都出身。慶応幼稚舎から付属の中高を経て慶応大学に進学。中学2年生の時に、自分で履歴書を送り入所。99年、高校3年生の時に嵐が結成、同年11月「A・RA・SHI」でCDデビュー。2006年から『NEWS ZERO』のキャスター、オリンピックキャスターや紅白歌合戦の司会も務めた。

どこでもアウェイだった

〝特別な存在〟や〝代わりのきかない人間〟になりたい――。

しかし、それらはすなわち「人と違う」ということと同義でもあります。人と違う頂上にたどり着くためには、当然ながら、人と違う道を登っていかなければなりません。もしかしたら、道とも呼べない山の中を、自分で切り拓いて進んでいかなければいけないその道中は、孤独で、ときに周囲から後ろ指を指されたりすることもあるでしょう。

「どの仕事も若干アウェイ」[*2]

そう語るのは、櫻井翔。

映画の撮影現場で衣装のまま新聞を読みふけっている、といった姿は櫻井翔という存在の特異性を物語っています。

アイドル・役者・ニュースキャスター……その仕事の幅の広さは唯一無二。ですが、それは櫻井が、所属する組織の中で、大多数の人が通る道を通ってこなかったことの裏返しでもあります。

そもそも慶応の附属校に通いながらジャニーズに入った時点で、櫻井はアウェイな道を歩み始めた男です。ジュニア時代から嵐でのデビュー当初まで彼の枕詞になり続けていたのは「初の慶応ジャニーズ」であるということでした。

櫻井以降、大卒のジャニーズも珍しくはなくなりましたが、嵐デビュー時の1999年に活躍していた先輩グループ、SMAP、TOKIO、V6、KinKi Kidsに大卒者はゼロ。高校も通信過程などに通い、やっとのことで卒業したという人も多い中、櫻井翔は幼稚舎（小学校）から大学まで慶応という生粋のエリートです。

櫻井本人も、幼少期に光ＧＥＮＪＩが大好きだったというものの「オレが育ったのはそういう世界を否定するような環境だったから。あこがれる一方で、『ああいう人にはなっちゃいけないんだ』みたいな意識もあった」[*3]と語っており、慶応とアイドルという場所がいかにかけ離れたものであったかを感じさせます。櫻井は自分の居場所のなさを、こう振り返っています。

「いわば自分は〝みにくいアヒルの子〟だなぁと思っていた時期がずっとあった。学校行きゃ『ジャニーズみたいなことやってる奴』と言われ、ジャニーズへ行きゃ『Jr.なのに学業優先って何だそれ』という目で見られ……」[*4]

ジュニア入りした後も櫻井は学業優先。無遅刻無欠席を貫き[*5]、試験のひと月前からは、仕事を休むことにしていました。そうすると、踊る場所が後ろになったり、仕事に呼ばれなくなったりしたそうですが、本人は「くやしいというより、むしろそうじゃないとおかしいと思った」[*3]と語っています。当時は、滝沢秀明を中心としたジャニーズJr.の黄金期。その中でも櫻井は王道を歩んでいたわけではなかったのです。

しかし、高校3年生のときに嵐のメンバーに選ばれてからは当然、そのような中途半端なスタンスは許されません。１９９９年にワールドカップバレーのイメージキャラクターとしてデビューした嵐は、全国各地で行われるバレーの試合会場に中継のために行かなければなりませんでした。

試合が終わると、他のメンバーはそのまま宿泊しますが、櫻井だけはひとり東京に帰り、次の日の高校の授業に朝から出て、授業が終わるとひとりで新幹線に乗ってバレー会場へ戻る……といったことも普通にこなしていたといいます。[*3]

そんな努力の甲斐あって、慶応義塾大学経済学部に無事進学。しかも４人にひとりは留年すると言われるこの学部を４年で卒業します。大学４年の後期試験とドラマの撮影が重なって大変だった時期を、「あれほど大変な時期を乗り切れたのだから、今度も大丈夫だ、といまだに思える拠り所」[*6]と振り返る櫻井。

参考までに挙げておくと、同時代に同じ慶応の経済学部に通っていたオリエンタルラジオの中田敦彦は、卒業までに６年かかっています。中田がブレイクしたのは大学生活の後半、櫻井が入学した時点ですでに嵐だったことを考えてもやはりすごいことです。

しかし、よりすごいのは、４年間で同級生と共にストレートで卒業しながらも、櫻井が周囲の慶大生に染まらなかったことです。

大学３、４年にもなると、周囲は続々と就職活動を始めて進路を決めていきます。櫻井は就活をしている慶応のスーツ姿の友人や、その親たちから芸能界での活動を「いつやめるの？」としょっちゅう聞かれたそうです。[*2、*7] その頃には、すでに嵐としてCDデビューもしているし、ドラマなどで活躍もしていたにもかかわらずです。

櫻井は「いやー、自分はジャニーズ事務所に内定決まったんで」[*3] などと冗談めかしながらも、内心「まあ、見てろよ、おまえら」と、「周りのいわゆる安定に突き進んでった奴」に負けたくないと、その後も活動を続けていたのです。[*7]

世間一般からすれば「いやいや、そりゃあ就職しないで嵐やるでしょ」と思われるかもしれません。しかし、この附属校から続く〝慶応という世界〟の中では、就職するのが当たり前で、芸能の仕事は一生するものではない、という価値観が蔓延していたのです。

もちろん、卒業後も櫻井は慶応の同級生たちと交流があり勉強会もしているほど[*8] ですから、決して仲が悪かったわけではないのでしょう。集団の価値観に抗うよりも、染まったほうがラクに生きられたはずですが、それでも、彼は周囲の価値観に染まりはしなかったのです。

〝冷めた俯瞰〟ではなく〝攻めの俯瞰〟

染まらないどころか、〝慶応にいながらも自分がアイドル活動をしている〟という状況がどういうことなのか、俯瞰で見ることができているのが櫻井翔です。

２００８年に発売されたアルバム『Dream "A" live』の櫻井翔のソロ曲『Hip Pop Boogie』に、櫻井自身が書いたこんな一節があります。[*9]

大卒のアイドルがタイトルを奪い取る
マイク持ちペン持ちタイトルを奪い取る
（中略）
ステージ上終身雇用
（中略）
こうなりゃもう…そう咲き乱れる
本業の方々顔しかめる　温室の雑草がマイク持つ RAP SONG

櫻井は、自身がジャニーズ事務所のアイドルであり、慶応幼稚舎から大学まで出た

〝温室育ち〟であることに強い自覚を持っています。

そんな自分に〝本業の方々〟が顔をしかめることも織り込み済み。それを踏まえて、多くの大卒の友人たちが選んでいった〝終身雇用〟という言葉を使いながら、自分が芸能界というステージで生き抜いていくことを高らかに宣言しているのです。

このように、櫻井は自分の立ち位置を俯瞰的に見ることができています。

それは自分の立ち位置はここだから他の領域は侵さないといった、〝冷めた俯瞰の目線〟ではありません。自分の立ち位置を踏まえた上で、あえて他の領域も侵していく〝攻めの俯瞰目線〟なのです。

その象徴が、ニュースキャスター業です。櫻井は、嵐としてデビューしてまもない頃、事務所の人に「ニュースキャスターがしたい」と申し出ました。その時は「簡単にできることじゃないわね」とあしらわれたといいます。[*10]

「自分はアイドルだから……」と、俯瞰できていても変に分をわきまえてしまう冷めた目線では、自ら異業種の仕事をしたいと申し出をする、というこの発想は出てきません。

数年後、櫻井のもとに、日本テレビのニュース番組『NEWS ZERO』のキャスターのオファーがやってきます。ずっと続いてきた『きょうの出来事』のニュース枠を

50年ぶりに刷新し、若い人に見てもらえるような番組にしたいと思っていたプロデューサー。彼は櫻井とは面識はなかったけれど「櫻井翔が報道に興味がある」という噂をもとに、オファーをしたそうです。[＊11]

しかし、念願だったオファーに対しても冷静でした。「24歳の青二才が、スーツ着てネクタイ締めたところで、番組の説得力の一端を担保できるかって言ったら、それは無理があるのではないかと思って、一瞬悩んだ」[＊1]と語ります。

それでも『NEWS ZERO』が始まってからは、熱く努力していきます。新聞は1日に最低でも一般紙は2紙を読むのが日課。愛読誌は『クーリエ・ジャポン』『ニューズウィーク』で、バイブルは辺見庸（へんみよう）の『もの食う人びと』。「僕は月曜日だけだから、他の人の5倍は努力しないと密になれない」と語り、番組開始当初は、深夜0時頃に番組が終わった後、深夜1時頃から築地の寿司屋に行き、早朝までスタッフと反省会をしていたという熱の入れよう。[＊10]

番組開始から10年が経っても、夜11時の放送を前に夕方から行われる〝4時会議〟には、よほどの理由がない限り参加しているといいます。[＊8]

櫻井翔は、誰よりも自分が〝他人と違う道を歩いている〟ことに自覚的です。他人と違うからこそ、周囲に馴染むまで人一倍努力する。自分が世間からどう見られているかを俯瞰で感じとった上で、あえてその自分のいる領域を超えて攻め込みにいく視点を持っているのです。

どんな場所でもアウェイであることを感じながら、その場を少しでも自分がいるべきホームにしていくための努力を惜しまない人なのです。

「本業」を超えるとき

櫻井翔は2008年に目標をこう語っていました。

「自分のソロ曲で、〈本業の方々顔しかめる〉っていう詞を書いたんだけど。とにかくキャスターは本業じゃないけど、本業の人たちに『櫻井くんが取材に来たら、言ってくれなかったことをどんどん話されるから、かなわないや』って言ってもらいたいっていうのがある[*1]」

そして曲を発売してから7年、2015年の宮城のライブで櫻井は『Hip Pop Boogie を『Chapter Ⅱ』として歌詞をこう刷新して歌いました。この期間を経て嵐が国民的アイドルと言って申し分ない立場を得てもなお〝攻めの俯瞰目線〟の強いリリックが炸裂しています。[*12]

こうなりゃもう　後ろ振り向かず

本業の方置いて　次向かう

「アウェイ」を突き進み続けた結果たどり着いた場所は、後ろ指を指す人や「本業」として顔をしかめる人なんて気にならない、自分だけのホーム。

いや、たどり着いたというよりも、色々な世界を渡り歩いて、努力をし成果を出して認められ、少しずつ、アウェイをホームにしていったというほうが正しいかもしれません。

そうして、自らの出発地点であり、最大のホームである嵐も、慶応の仲間に冷めた目で見られていた頃からは想像もつかない勢いで拡大し、もはや日本全体を巻き込む〝なんでもやれる場所〟になりつつあります。

〝総理大臣になってほしい人ランキング〟などで名前が挙がることから、政治の世界への進出などはないのか聞かれると、こう答えています。

「僕のやりたいことは、むしろ嵐という立場でいたほうが実現性高いんですよね。（中略）他の仕事に転向したらむしろ可能性が狭まっちゃうんじゃないかとすら思ってる。今の嵐でいる以上に、やれることがたくさんある世界なんてないんじゃないかなと」[*8]

嵐の解散の危機に際しても、自ら舵を取り、そのホームを守り抜いた櫻井。いきなり与えられる小さなホームより、自分で作り上げたホームほど盤石なものはありません。

〝どこにいってもアウェイ〟だった男は、自らと、自らのグループを大きくすることにより、日本全体をホームに変えていったのです。

10 大野智

Ohno Satoshi

——「人間、特別な才能とか、才能の差はないってこと。（中略）もともとの天才はいない。努力だったり、好きで極めたいと思って、それを貫き通した人が天才だと思う」[*1]

おおの・さとし：１９８０年11月26日生まれ。東京都出身。94年、中学校２年生の時に入所。99年、嵐としてデビュー。じゃんけんで負けてリーダーに。２００８年の『魔王』で嵐としては最も遅い連ドラ初主演。同年、10年作り続けた作品を展示した初のアート展「FREESTYLE」を開催。

アイドルは夢じゃなかった

——アイドルになることが夢だったのですか？

「いや、全然。ジャニーズって歌って踊って、何だか大変そうだと思ってたから（笑）」[*2]

2010年の時点でこんな受け答えをしている大野智。小学3年生の時から絵を描くのが好きで、本当になりたかった職業はイラストレーター。自分の意志で入ってきた人もそうでない人もいるジャニーズの中でも、特に大野は「なんでこんなところに……」の感覚を強くもっていた人です。

しかし、ジャニーズアイドルとしての成功は言わずもがな、自分のやりたいことを実現してきた人でもあります。

自分のやりたいことと、別の仕事についてしまった時どうするのか？

流されるまま仕事についてしまった場合、そのまま流されるべきなのか？

流されがちだった状態から、与えられた仕事と自分のやりたいことの両方で成果を出した大野の人生にヒントを見出します。まずは簡単にその人生を振り返ってみましょう。

1994年、中学校2年生の時に、母親がジャニーズ事務所に履歴書を送り、いやいやジャニーズ入り。しかし、それから5年間は「踊りを極める」という目標を自ら設定し[*2]、努力を重ねます。

高校は入学3日目に校門の前で引き返すという形でやめています。[*3]そのことをジャニー喜多川に告げたところ、「じゃあ、京都行く？　京都の舞台だったらメインで踊れるよ[*2]」と誘われ、京都行きを決意。『KYO TO KYO』という舞台に出演します。[*2]

この舞台は、約半年の公演期間中、京都で暮らさなければいけないのはもちろんのこと、1日5回公演というハードスケジュール。1000人入る劇場で、お客さんが50人しかいないようなこともあったといいます。つらすぎて、フライングで吊るされながら泣いていた日もあったという大野。[*3]

それでも「生まれて初めて無我夢中になれた[*2]」というほど踊りには熱中でき、2年連続で京都での舞台を終えます。その後、少年隊の舞台に出演した後、事務所を辞めようと、ジャニーさんに直訴します。ですが、ジャニーさんに「レコーディングを手伝ってくれ」と呼ばれ、楽譜を見たら〝嵐〟〝大野ソロ〟と書かれていた……。というのが嵐のメンバーになるまでの流れです。[*2]

そんな大野も、デビューをすれば、さすがに腹をくくるかと思いきや……。

「最初の何か月かはどうやったら逃げられるんだろうってことばかり考えていた。どうやったら抜けられるかなって（笑）[*2]」

生放送に遅刻して怒られた時に初めて、「『ああ、もうJr.の頃のようにはいかないんだ。就職しちゃったんだ』って気持ち[*2]」になって、「ちゃんとやらなきゃ[*2]」と感じたのだといいます。

ところどころできちんと努力はしているものの、大野にとって〝嵐という就職先〟が訪れるまでは、割と流されてきた人生だったのです。ジュニアに応募したのは母親ですし、嵐に選んだのもジャニー喜多川です。

この〝就職するまでは、人生流されてきた〟という感覚は、多くの人に当てはまるものかもしれません。自分が本来やりたかったことを実現できる職業に、最初から就ける人など、本当にひと握り。それは動かしようのない事実で、大野もそのひとりだったのです。

寝ずにフィギュア制作

しかし本当に怖いのは、そのまま流されていくうちに、本来やりたかったことを忘れてしまうこと。学生時代にはきちんと描けていた夢を、仕事をはじめて数年経ったらすっかり意識しなくなっていた、なんてことはありがちです。

その点、大野は、自分のやりたかったことを忘れませんでした。

嵐としてデビューし、活動していくという大きな流れには逆らわない一方で、流されていない時間の使い方もしていたのです。忙しい日々をおくる中、プライベートの時間に絵を書いたり、フィギュアを作ったりという創作活動を続けていきました。もちろん、嵐の仕事もきちんとやりながら。特に誰かに公開する予定もなく、勝手に、です。

嵐としてデビューする前、京都の舞台の楽屋でも絵を描き続け、デビューをして数年を経た後、2006年の年明けからはフィギュア制作もはじめます。舞台期間中も、休演日はもちろん、大阪公演のホテルの中でも、1日2回公演のあとでも作っていたというのですから、その熱意とかけた時間はかなりのもの。

ちなみに大野は映画が苦手らしく、撮影中は「1日1回は自分のやりたいことやらないと（笑）。撮影が夜中に終わろうが、そこから朝まで作って、そのまま寝ないで現場行ったほうがスッキリする。作らないとダメだったんだよなぁ」[*1]と語っています。

仕事のリフレッシュとしてはハードすぎる作業時間。大野は、嵐としての仕事が忙しくても、創作活動をやめなかったのです。しかも、誰かに強要された締め切りがあるわけでもない状況で、大野は「2006年9月までにフィギュア100個を作る」と自ら期日を決めて創作をしています。できなかったら、「お酒を断つ」「まゆ毛を剃る」と自分で自分に罰ゲームを設定し、友だちにも宣言。というと冗談めいて聞こえてしまいますが、「その日までに出来なかったら、やっぱ自分に嘘つくことになる」[*1]という発言からは、ストイックさがうかがえます。

誰かに設定されなくても、しかも仕事ではないにもかかわらず、自分で期日を決めるのは、舞台の影響が大きいようです。その理由をこう語ります。

「舞台は稽古期間が短くても、本番は決まってて、お客さんが入る……これはもう確実にあって、逃げ出すことは出来ないでしょ？　『ホントに出来るのかよ⁉』って思うんだけど（笑）。でも初日は確実にやってくるし、出来ないと思ってても、結局本番では出来てる。そういう経験を今までしてきたから。『あぁ……人間って、やれば出来るじゃん！』って（笑）。だから、絵を描いてるのは趣味だけど、期日を決めたらいいんだって」[*1]

仕事で、きちんと何かを達成したという成功体験が、趣味のアートをする時にも活かされて「出来るはず」と思わせる効果を生むのでしょう。

嵐というグループは1999年にデビューをしましたが、その後、人気が伸び悩んだ時期がありました。中でも大野は、ジュニア時代から注目されていたり、すぐに連続ドラマの仕事があったりした他のメンバーに比べると、人気が高いとは言えない方でした。

しかし、与えられた舞台の仕事などは着実にこなしていき、評価をきちんと高めていきます。

そんな中、２００５年頃からメンバーである松本潤の主演ドラマ『花より男子』人気などをきっかけに、嵐全体が注目を集めはじめます。すると、大野が作品を創っているということを知ったファンなどから、見たいという声が届くようになるのです。

フィギュアを２００６年9月までに１００個作る、という目標を締め切りより早く終えた後、大野は事務所の藤島ジュリー景子に自ら個展の企画を提案します。そして２００７年、嵐は本格的にブレイクを果たします。

２００８年2月、大野の作ったフィギュアや絵を展示するアート展『FREESTYLE』は全国で開催され、写真集も25万部の大ヒット。奈良美智など日本を代表するアーティストからも高評価を受けました。大野智は、嵐という与えられた仕事でもきちんと実績を残しながら、本来の夢をも叶えたのです。すでに30歳目前、ジュニア入りから14年の月日が経っていた年のことでした。

与えられた〝仕事〟で結果を出すことで、本当にやりたいことができる――。

嵐として20年の結果を出した上での〝休職〟が認められたことも含め、成果を出せば出すほど、人は自由になれるのかもしれません。

「自由になるために」する努力

さて大野には、もともとアートの才能があったのでしょうか。大野自身は「才能がある」と言われると、それをきちんと否定します。

「みんなが義務教育で勉強してる中で、俺は勉強しないでひたすら絵を描いてただけの話なんだよ（笑）[*1]」

「好きなら、やり通せばいいじゃん！ってこと。（中略）捉え方の問題だと思うけど、でも結局『好きか嫌いか』『興味あるかないか』じゃない？　絵を描きたいなら、描いてみて『あ……好きかな、興味あるかな』って思ったら続けるだろうし、『あんまり……』っていうなら、それは才能がないんじゃなくて、興味がないんだよ[*1]」

才能のある／なし、ではなく、興味のある／なしである。という大野の説明には説得力があります。大野の人生は、「好きだから」という理由で、幼少期からひたすら創作をし続けていた人生です。違う仕事に就いても、合間を見つけてはやり続けていた。そうしたら、結果が出てきた……。

この大野の現在に至るまでのキャリアを説明するのには、「プランド・ハップンスタンス・セオリー（Planned Happenstance Theory）」という言葉がしっくり当てはまります。これは直訳すると、「計画された偶発性」。つまり、「キャリアは基本的に、予期しない偶然の出来事によってその８割が形成される」という理論です。いくつかのことを準備しておいて、それを持ち合わせた状態でフラフラしているとチャンスが来る、という含意があります。大野にとってはまさに、ジュニア入りも嵐入りも、他人の誘導による予期せぬ偶然の出来事で、不本意ですらあったこと。「やめよう」と思って、行動に出たこともあるほどです。

しかし、その与えられたアイドルという〝他人の決めた天職〟に対して、ちゃんと向き合った上で、自分の本当の夢への努力も怠りませんでした。そこに、結成８年での嵐の大ブレイクという、予期せぬ出来事が重なり、結果〝本当の夢〟の実現に至ります。

おそらく大野には〝努力〟はおろか〝準備〟という意識すらなかったことでしょう。他人が振り返れば、アートに費やしていた時間は準備にも感じられますが、「好きなことを必死にやっていた時間」が多く積み重なっていったという感覚のほうが近いかもしれません。それは決して〝下積み〟といった重いイメージではなく、〝好きなことを必死にやっていた時間〟が積み重なり、夢が実現したとき、結果的にそれまでの時間は〝夢のための準備〟と呼ぶことができるようになるというイメージ。

そうして〝本当の夢〟を達成したあとに得られるのは〝本当の自由〟。嵐の活動休止に際して、大野は「3年休むとか許されないと思ってた」と退所を覚悟しての進言だったようですが、結果、周囲の好意的な尽力もあり「やめる」ではなく「休む」ことになりました。

アイドルという、様々な事情にがんじがらめになっているように見える立場の人ですら、与えられた仕事で成果を出し続けた人には、自分のしたい仕事ができたり、休む意志が通ったりという〝本当の自由〟がやってきます。

大きくは流されながらも、大事なところは流されない強い意志を持つ。

そのバランスで大野は「ジャニーズって大変そう」と思っていた少年から「嵐でよかった」と心から思える大人になったのです。

大野智もこう言っています。

「頑張った分だけ自由自在になれる[*4]」と。

11 滝沢秀明
Takizawa Hideaki

――「人は大事にしたほうがいいと思います。困ったときに助けてくれるのは人ですから。（中略）自分の調子がいいときや成功したときは、つい周りのことを忘れちゃうと思うんですけどね、人って。そうなったら終わりだなって」[*1]

たきざわ・ひであき：１９８２年３月29日生まれ。東京都出身。95年、中学校２年生の時にジャニーズJr.入り。バラエティ番組『８時だＪ』や、ドラマ『魔女の条件』『ストロベリー・オンザ・ショートケーキ』などに出演。２００２年、「タッキー＆翼」としてＣＤデビュー。05年には『義経』で、ＮＨＫ大河ドラマ史上最年少（当時）23歳で主演を飾る。06年には、新橋演舞場で最年少座長となった『滝沢演舞城』をスタート。18年で芸能活動を引退、ジャニーズJr.の育成などを行う株式会社ジャニーズアイランドの代表取締役社長に就任した。

厳しい境遇を乗り越えたスーパースター

はたして「運命」というものは存在するのでしょうか？

天が人の人生を動かすのか、それとも、人の人生を動かすのはやはり人なのか——。

貧乏に苦しんだ少年が、稀代のスーパースターになっていく。そして引退し、今度はスターを育てる側にまわる。その人生には「運命」というものを強く感じます。

滝沢秀明は、ジャニーズ事務所の歴史の中でも、類を見ないスーパーエリートです。

1995年、13歳で事務所に履歴書を送り、約1週間後に「ジャニーさんらしき人」から電話がかかってきてレッスンに呼ばれ、その2週間後にはKinKi Kidsのバックで踊ることに。さらに、半年後には『木曜の怪談〜怪奇倶楽部』というドラマの主演を務めます。[*2] そのスピードは後輩の山下智久が「タッキーは特別なことが普通」[*3]と語るほど。

しかし滝沢は、積極的にアイドルを志していたわけではありません。応募は自らしたものの「どこでもよかったんですよね。とにかく何かやらなきゃいけないなと思っていたら最終的にジャニーズ事務所にたどり着いた」[*3]と語ります。

実は滝沢の家は、幼少期に父親が出ていってから、母親ひとり子ども3人となり、生活には苦労したようです。服が買えずに、冬でも同じタンクトップと短パンで学校に通い、鉛筆や消しゴムも落とし物を自分のもののフリをして拝借しなければならないほど。

中学に入った時にはすでに、自立すること、働くことを考えていた滝沢の最初の憧れはプロレスラー。しかし、プロレス団体に問い合わせ入団条件を聞くも、身長も体重も足りないと言われて断念。[*2] 他の芸能事務所にも応募をしていたといいますが、一番先に返事が来たジャニーズ事務所のオーディションを受けます。[*3]

同じ日にオーディションを受けていた今井翼は、「目つきが人と違った」と振り返っていますから、その時点で、覚悟が出来上がっていたのかもしれません。[*3]

「人生が180度変わった」[*3]「ジャニーズに拾われなければ今の自分は想像できない」[*3]と、謙遜する滝沢ですが、滝沢の加入とその後の奮闘によってジャニーズJr.の存在は激変しました。

それまではバックダンサーが大きな役割だったのが、単独でコンサートを行い、ゴールデンを含む冠番組が3つも存在する、一大人気ユニットにまで変化させたのです。

そこから現在の嵐や関ジャニ∞のメンバーが輩出し、今でも「ジャニーズJr.黄金期」と呼ばれる時代を作り上げたのが滝沢秀明なのです。

孤軍奮闘するリーダー

当時のジャニーズJr.は約120人。[*2] ジャニー喜多川に指名され、滝沢は16歳の頃から、Jr.全体を取りまとめる役割を担い始めます。ジャニー喜多川の助手としてオーディションにも立ち会っていたといいますから、その信頼の厚さがうかがえます。[*3]

とはいえ、もともとは「とにかく静かで常に隅っこにいる子」「人前に立つことも苦手なタイプ」[*3] だったという滝沢。「リーダーは元々苦手なんです。最初は、この会社に入って、やらされた、みたいな感じだったんじゃないかな（笑）」[*4] と振り返ります。

下は小学校5年生から、上は22、23歳までの大所帯[*2] をまとめるのですから、その苦労は想像に難くありません。先輩には「ここはこういう出番でよろしいですか？」と聞きに行ってライブのセットリストを作り、すると「何でお前の言うことを聞かなきゃいけないんだ」と返され、同期にも「なんで俺はマイクを持てないんだ」と言われる、調整役ならではの難しさを10代から体験します。[*5]

それでも続けたのは、「せっかく用意してもらったチャンスをなくしたくなかった」[*5]。「先輩のバックについてなんぼの人たちが、急に自分たちのコンサートができるってなったわけですから。そのチャンスに死に物狂いに食いついていった感じです」[*6]

もちろん、まとめるだけではなく、自身も中心に立つプレイヤーとして人気を得ながら、さらに後輩を育てる監督のような役割も果たし続けたのです。

ジャニーズJr.という世界は、数年に一度ＣＤデビューできるタレントに選ばれるため、皆が熾烈な競争を繰り広げています。

番組ではＭＣを務め、歌番組やコンサートではいつも中心にいた滝沢。倒れて点滴を打つほどのハードスケジュールでも、相談できる仲間はいなかったと振り返っています。

「先輩に相談するのは失礼だと思ったし。Jr.の仲間にも弱音を吐けない。誰にも。相談したり、弱音を吐いたら〝贅沢な悩みだな〟って思われるだろうから」[*6]

自分が先頭を走り、先輩すら自分の後ろにいるような状況だと、頼る人もいなくなるのです。当時は、ジュニアの仲間にだけではなく、「滝沢ばっかり」と思っているであろう他のジュニアのファンに対しても、「みんなが敵に見えてた」という感情を抱いていて、しんどかったのだといいます。[*7]

先輩を追い抜いて中心に立つことで、誰にも相談できない状況になりながら、滝沢は孤軍奮闘していたのです。

「努力する意味あるのかな?」

ちなみに滝沢秀明と同い年で、半年遅れで入所したのは、今は嵐として活躍する櫻井翔。当時の滝沢の活躍は、「努力する意味あるのかな?」と櫻井の戦意を喪失させるほどのものがあったようです。当時の櫻井は、滝沢の「大変さも知らずに」ジュニアの舞台の端っこから「なんだかなー」と思いながら見ていたことを告白しています。[*7]

そんな櫻井が嵐としてデビューする1999年前後は、滝沢個人としても、ジャニーズJr.全体としても人気はうなぎのぼりでした。

滝沢はドラマ『魔女の条件』で、松嶋菜々子扮する女教師と禁断の恋をする男子高校生という役でダブル主演。最終回の視聴率は29・5パーセントを記録します。

その頃の滝沢は「取材だったり、生放送の歌番組だったり、その日、何をするのかわからない生活が、14歳からCDデビューする20歳くらいまで続きました」[*2]という日々。その期間で「自分でどこへでも行き、なんでもやり、その場でお題を出されて、全力を出すという対応力は鍛えられました」[*2]と振り返ります。

2002年には〝タッキー&翼〟としてCDデビュー。しかしデビューして、ジャニーズJr.を卒業してからも、後輩の相談に乗ったり、飲みに連れていくことはもちろん、「滝CHANnel」として早くからネット上のジャニーズJr.の出演動画をプロデュースしたり、演出を手がける自らの舞台ではジュニアの見せ場もきちんと作るなど、労を惜しみませんでした。

後輩への面倒見の良さは、まさに伝説。とにかく話を聞くことを大事にし、後輩とも頻繁にご飯へ。[*8]それは、舞台での共演が多かったKis-My-Ft2の北山宏光が、滝沢の舞台のギャラ分と同じくらいおごってもらったと語るほど。[*9]他にもHey!Say!JUMPの八乙女光はまだジュニアに入りたての少年だった頃に、学校帰りに「ヒマなんだけど」と電話をしても、滝沢はきちんと応対してくれたと証言するなど、[*5]「タッキーにお世話になった」エピソードは枚挙にいとまがありません。グループ内で仲が悪い2人がいると、その2人を仲直りさせ、さらにはキスまでさせるという、独自の手法も駆使する徹底した先輩っぷりです。[*9]

滝沢が心がけているのは、たとえ相手が後輩であっても「一人一人に男として接してる」[*10]と対等な関係でいること。「『今言ってあげないともったいないな』っていうタイミングを逃がさないようにはしてる」[*11]と、相手の様子を見ながら、あくまで、いいところを伸ばすためにアドバイスをしていきます。

「だからJr.と話すときには絶対に『オレのときはこうだったんだよ』って言い方はしないようにしてるんだ。絶対に自分の考え方を押しつけないようにしようって気をつけてる」[*12]

その滝沢の人と接するときの究極の形が、決して怒らない姿勢です。

「僕はプライベートでも、感情をバーッと出すことはないんです。負けですよね。仕事だろうとプライベートだろうと、感情的になった時点で。ほえたら負け」[*13]

滝沢は、感情的にならずに適切に後輩を導く〝大人〟として周囲に頼られているのです。頼る先輩のいなかった滝沢は、ジュニアを卒業してからも、率先して頼られる先輩で居続けました。自分の時代の押しつけはしないという心配りの一方で、自分の見た美しい景色を後輩にも見せようとしているようにも思えます。

なぜ後輩を育てるのか

2016年には、櫻井翔が対談の中で、滝沢のジャニーズJr.全体に気を配る20年前から変わらない姿勢を知り、その後輩への面倒見の良さに驚いています。

そして「そっちに思い注ぎすぎちゃってさ、自分のことが手薄になっちゃってる時とかないの？」と櫻井は本質的な質問をぶつけます。それに対して「正直あるかもしれない」と答えた滝沢は、その理由をジャニー喜多川への恩返しだ、と語り、こう続けます。「ジャニーズという歴史をつないでいく作業もひとつの恩返しかなと思っていて。せっかくジャニーさんが見つけたコたちだから、何かしらの魅力があるだろうし。もったいないじゃん？　失敗したら」[*7]

このジャニー喜多川への恩返しをしたいという気持ちの根底には、かつてのジャニー喜多川とのこんなエピソードがあるようです。

「15、16才のころかな、〝ユーに10あげるから1返しなさい〟って言われたことがあって。それは、Jr.がテレビ局の人に挨拶をしなくて、ジャニーさんに怒られたときの言葉なんです。チャンスや環境、すべてを与える。挨拶は1だ。だから最低限、挨拶はしろって。本当にすべてを与えられていたので、少しでも返したいんですけどね。ただ、与えていただいたものの大きさを考えると、どんだけ恩返ししても足りない」[*14]

ジャニー喜多川から与えられたものを後輩に返し続けてきたようにも見える滝沢。自身の芸能活動も続けながら、後輩の面倒も見る「プレイングマネージャー」を続けてきたのは、〝最初にすべてを与えられた者〟なりの恩返しなのかもしれません。

そして、36歳を迎えた2018年、滝沢は芸能活動からの引退を表明。ジャニーズJr.の育成や、コンサート、舞台などのプロデュース業に専念することになりました。プレイングマネージャーとして自身も芸能活動を続けながら育成する道もあったものの、滝沢は「ジュニアといえども、やっぱりみんな人生をかけて活動しているので、僕もやっぱり人生をかけなければいけない」[*3]と強い意志を語ります。

「僕はジャニーズが大好きなんです」「僕たちが知ってるいいジャニーズを伝えていきたい」[*3]と語る姿には迷いがありません。

引退発表時に、ジャニー喜多川は「『ジャニーズJr.たちの育成で、ジャニーさんを手伝いたい。』と言ってくれた時、私は驚きと共に嬉しくて涙がこぼれそうでした」[*15]とコメント。

ジャニー喜多川にかつて言われた、「ユーに10あげるから1返しなさい」について、引退直前のタイミングで中居正広に「いくつくらい返せた？」と聞かれた滝沢秀明は、「まだ1個も返せてないと思います」と答えました。[*3]

「ジャニーさんに親孝行したい」[*3]と語る滝沢は、いなくなった父の姿を重ねているようにも思えます。何もない状況の中から立ち上がった少年は、ジャニー喜多川という〝父親〟に出会ったことで、人生が一変。

人生を誰かに変えてもらった経験のある人間は、人が人の人生を変えられることを知っている。だからこそ、自身も誰かの人生を変えようと立ち上がれるのかもしれません。

引退直前に、その人生について運命だったのかと聞かれた滝沢は、軽く否定してこう答えます。

「運命もあるかもしれないけど、それは僕だけの力ではないと思っているんです。僕がいま、こうして自由にやらせていただけているのも、周りの方々の協力や努力があっての結果。それを運命という言葉で片付けてしまうのは何だか失礼な気がしてしまうんです[*5]」

努力と感謝で人を引き寄せ、変えていった人生。もしかしたら人生を変えていけたポイントがもうひとつあるかもしれません。

ジャニーズ入りが決まり、初めての取材を受けるために家を出る日。13歳の滝沢少年は母親にこう言って家を出ていったそうです。

「僕はこれからマイナスなことは絶対言わないよ[*3]」

12 風間俊介

Kazama Shunsuke

――「隙間産業での圧倒的なシェアを表す『ニッチトップ』という言葉もありますし。たとえ規模は小さくとも、その中でトップになるって素敵なことですよね。（中略）ニッチトップを目指すのも生き方としてかっこいいと思うんです」[*1]

かざま・しゅんすけ：1983年6月17日生まれ。東京都出身。97年、中学校2年生の時にジャニーズJr.入り。99年には『3年B組金八先生』に出演。その後、俳優としての活動がメインに。2012年、朝の連続テレビ小説『純と愛』で主人公の夫・愛役に抜擢。『ZIP!』ほか情報バラエティー番組でも活躍。

イジメっ子・犯罪者・声優……

わかりやすい悲劇よりも、「動かしがたい日常という悲劇」はダラッと重くのしかかります。組織やチームの中で浮いてしまっている、周りが難なくこなしていることが、自分にはなぜかできない……。大きく劣等感を感じるものの、その組織を離れるという選択肢はない。学校であれ、会社であれ、なかなかつらい状況のようにも見えますが、それを〝逆に活かす〟という戦法もありえるのでは……そんなことを感じさせてくれるのが風間俊介です。

風間俊介は「ジャニーズだとは気づかれずにお茶の間の認知度を高めていった男」と言っても過言ではありません。

情報番組『ZIP！』のパーソナリティーをはじめ、リオデジャネイロ・パラリンピックではNHKの番組レポーターを務め、その他にもNHK教育テレビの福祉情報番組『ハートネットTV』や『ニッポン戦後サブカルチャー史』でのレギュラーなど、様々な分野を横断した仕事を多く持つ風間。『マツコの知らない世界』に登場し、ディズニーについて熱く語る姿も印象的です。

俳優としては主演2本を含む出演映画が9本あるのは、ジャニーズでも演技派の証拠です。舞台にも20作以上出演し、鴻上尚史（こうかみしょうじ）も絶賛しています。

２０１２年のNHK朝の連続テレビ小説『純と愛』ではヒロインの夫という重要な役を好演。１９９９年の『3年B組金八先生　第5シリーズ』での親を刺した容疑で逮捕されてしまうイジメっ子・兼末健次郎や、坂元裕二脚本の『それでも、生きてゆく』での犯罪者の役など、アイドルの王道とは言えない役もしっかり演じきります。今は亡き演出家・つかこうへいも「風間には狂気がある」[*2]と評したほど。

アニメ『遊☆戯☆王デュエルモンスターズ』の声優も長年務めるなど、ジャニーズの中でもとりわけ多岐にわたる仕事をしているのが風間なのです。

異端のジャニーズ

風間が異色のジャニーズなのは、仕事の幅だけではありません。現在活躍するほとんどのジャニーズタレントが経験しているCDデビューをしていない上に、30代前半で一般女性と結婚したというのもジャニーズとしては異色。さらには「残念ながらあまり体力がありません。休日は大体、家で本を読みます」[*3]という文化系。

顔に関しても「イケメンって言ってくださっても僕のなかでは異常な違和感が生まれる」[*2]「クッキリ二重の美男子ばかりがいる事務所に、思いっきり一重の僕が入った時点で異端なんですよ（笑）」[*4]と自ら笑います。

自身のことを「地元では神童だとかって言われていた人間が、意気揚々と進学校に入学したら、いきなり最下位になっちゃったみたいな話[*5]」とたとえ、スタート地点での困惑が垣間見えます。それもそのはずで、1997年に入所した風間にとって、ジャニーズJr.として生きてきた時代は、同世代に現在の嵐や関ジャニ∞、滝沢秀明にKAT－TUNまでいる黄金期。ジュニアの番組で司会をするなど目立つ位置にはいたものの、風間は多くの仲間や後輩たちのCDデビューを見送っていくことになります。

最初の転機は、1999年に出演した『3年B組金八先生』。

「ドラマ『3年B組金八先生』で初めて演技したとき、すごくほめていただいたのがとても嬉しかったんですね。自分に向いているものを見つけた！という思いで、その嬉しさのまんま、俳優を続けている感じです[*6]」と役者としてのスタートについて語ります。

その後も舞台や深夜ドラマなどへの出演はあったものの、次に世間的に大きな注目を集めたのは2011年の『それでも、生きてゆく』。これがプライムタイムの現代劇としては、実に10年ぶりの連ドラレギュラーだったことからも、その苦難の道が想像できます。

実際、2002年には山下智久・生田斗真らとジュニア内で『Four Tops』というグループを結成しますが、その後山下のNEWSとしてのCDデビューにより消滅。「1年半くらいヒマだった時期があった」と振り返るように、仕事が多くない時代もありました。やがて21歳頃から、ジャニーズJr.の〝メイン業務〟とも言える「歌って踊る」ことをしなくなっていきます。

〝ジャニーズなのに〟を逆に活かす

そんな風間の生き方を象徴するようなコラムが、雑誌「テレビブロス」での連載「ダンスはうまく踊れない」。松尾スズキや岡村靖幸などカルチャー色の強い面々が名を連ねる「テレビブロス」で、ジャニーズタレントがコラムを執筆するのはもちろん初めて。タイトルからして自虐的ですが、例えば、ある年始のコラム内容はこんな感じのものです。

「どのような大晦日でしたか？　ジャニーズカウントダウンは観ましたか？　僕はいましたか？　えぇ、いなかったと思います。仮に呼ばれたとしても、持ち歌がありませんからね。やることがありません」[*7]

もはや、自虐を通り越して、〝他の人が持っているものを自分が持っていないこと〟をウリにしようとしている意図すら感じます。

これが彼の〝芸風〟でもあります。例えばビジュアル系バンドを題材にした映画の主演でボーカルの役をしたときも「歌を歌うのは6、7年ぶり。ジャニーズにあるまじきこと[*8]」と発言。この〝ジャニーズなのに〟を自ら積極的に発信し、自分のウリへと転化しているのです。

〝なのに〟を〝逆に活かす〟こうした戦法を詳しく見ていきましょう。

風間の自虐的ともとれる発言は、実は根底で自分への肯定感に支えられた前を向いたものです。まだ風間がギリギリ踊っていた2003年、19歳の頃、当時の『Ｆｏｕｒ Ｔｏｐｓ』のメンバーで並んだインタビューでこんな発言をしています。

「普通は〝歌〟と〝踊り〟なのに、〝芝居〟と〝しゃべり〟に生きようとしてるところが風間俊介のおかしなところなんですよね。でも、こんなヤツが一人くらいいてもいいのかなって（笑）[*9]」

この発言からは、自分の立ち位置を客観的に眺め、異端であることを認めながらも、それを肯定する姿勢が感じられます。他の発言でも、風間は仲間との違いを笑いに変えることはしますが、それを過度に悲観することはありません。「こんなヤツが一人くらいいいてもいいい」という自分への高い肯定感が根底にあるからこそ、自虐的な発言も痛くならないのです。

組織の中で異端である。でもそれは見方を変えれば、同じ組織にいる他の人と自分とは被らないということ。周りにはできないことが自分にはできる可能性がある、とも捉えられます。悲観をし過ぎずに、異端であることを前向きに捉えると、自分がその中ですべきことが、見えてくるかもしれません。

メインを超える〝スキマ産業〟

戦う環境を変えることで、「地味」も「普通」も武器になる。こうして、ジャニーズ〝なのに〟時代劇コメディー『お江戸でござる』に出たり、声優をしたり、犯罪者の役をし続けたりしてきた風間俊介は、2015年10月に、ひっそりと事務所のジュニアのページから名前を消されるという形で、CDデビューをしないまま、ジュニアを卒業。約18年のジュニア人生を終えます。

もちろん、〝なのに〟がウケるのは、ジャニーズという所属組織に、すでに固定のイメージがついているからこそ、という部分もあります。ですが、その組織の中で当たり前だとされていることが、自分にできない場合、そのできないことをウリにする、というやり方も有効になりえるのです。

「踊りが得意でない」という自認があるからこそ、ジャニーズJr.の中では司会の立ち位置で仲間の魅力を引き出したり、アイドルらしからぬ芝居もしてきた風間俊介はその象徴で、〝風間俊介という個人部署〟といっていいでしょう。

その個人部署が担うのは〝メイン業務〟ではないからこそ、すぐに大きな注目を集めることはありません。でも、時間をかけて大きくなったその〝スキマ産業〟は、〝メイン業務〟には出せない輝きを放っていったのです。

風間は、自虐に紛れて、こんな大きな野望とも取れる自己肯定もしています。

「我々のようなサブにいた人たちが育っていくと、メインを食い荒らす可能性がある」[*1]

周りの仲間ができていることが、自分にはできない。一瞬、〝悲劇〟に感じてしまうかもしれません。でも、それは自分にだけできることを発見して活躍する〝喜劇のはじまり〟でもあるのです。

そうやって、風間俊介の顔を見てみると、二重パッチリのジャニーズ顔にまぎれて、たたずんでいた彼の一重が、より、りりしく見えてきます。

13 村上信五

Murakami Shingo

――「努力って、自分でハードル上げれば、いつの間にか当たり前になっていくんですよね[*1]」

むらかみ・しんご：1982年1月26日生まれ。大阪府出身。96年、中学校3年生の時に友人に促されてジャニーズ事務所に履歴書を送る。面接の翌日にKinKi Kidsのコンサートに参加し、関西ジャニーズJr.入り。2004年に関ジャニ∞としてCDデビュー。07年、島田紳助司会の番組『女神のアンテナ』のサブMCに抜擢されたことをきっかけに、バラエティ番組に多数出演。11年には『ヒルナンデス！』のレギュラー、12年からは『月曜から夜ふかし』のMCを務める。

「見えた道がそこしかなかった」

人は誰のために努力をするのか。努力ってつらくはないのか。人生において、努力を続けた先には何が見え、どんな変化があるのか――。

その答えは、この男の中にあるのかもしれません。

ビートたけしをして「器用な人は何をやっても器用」[*2]と太鼓判を押された、関ジャニ∞の村上信五。マツコ・デラックスとの『月曜から夜ふかし』ＭＣをはじめ、バラエティ番組を中心に活躍しています。関ジャニ∞としてのレギュラーを合わせると、週８本のテレビのレギュラー番組を持っていた時期もあるほどの、売れっ子バラエティ・タレントです。

タメ語と敬語を器用に使い分ける、安定の域に達したそのトークを見ていると、その才能の開花も早かったようにも見えますが、そうではありません。

関西ジャニーズJr.入りは１９９６年。当時は、本人も「ただキャーキャー言われたくて、嫌われないようにすることしか考えていなかった」[*3]と振り返る通り、よくも悪くも押しの強い関西ジャニーズJr.メンバーのひとりでした。

そして、ジュニア入りから関ジャニ∞としてデビューするまでは約８年、そこからレギュラーのＭＣ番組『女神のアンテナ』を持つまで３年。その足跡を振り返り、こんな発言をしています。

「目標に最短でたどり着こうとしすぎてた」[*4]

一体どういうことなのか、この22年の足跡を追ってみましょう。

1996年の末、中学3年生の時に事務所に入り、すぐに関西ジャニーズJr.の中心メンバーとして活躍し始めた村上信五。当時は、関東のジュニアには滝沢秀明や、現在の嵐のメンバーがいて、ジャニーズJr.の「黄金期」と言われた時代。村上は、同じ関西ジャニーズJr.の横山裕、渋谷すばる（2018年に退所）とともに、東京で寮生活をしながら活動を続けます。

しかし、黄金期のジュニアたちに囲まれて、「歌もダンスも演技も、僕はいちばん才能がない[*3]」「周りには嵐とかタッキー&翼がいて、歌っても踊っても、オーラや華も全然違う[*2]」と、自分の立ち位置に悩みはじめます。周りの才能と自分を徹底的に比較した結果、「Jr.にツッコミっておれへんな[*3]」と気付くのです。

「そのころの僕は、〝ガヤ〟ですよ。にぎやかし役しか立ち位置がなかった。ただ、ラッキーなことに当時のJr.は、みんなボケてなんぼっていう空気があったから、その中でいちばんのツッコミになろうと思ったんでしょうね[*2]」

徐々に、自分の道が見え始めます。

「いろんな道の中から選んだんじゃなくて、見えた道がそこしかなかった[*3]」と振り返る村上は、色々なバラエティ番組を見て、ツッコミを勉強していきます。

〝当たり前のハードル〟を上げ続ける

「できたことを喜ぶなんて、仕事任せてくれたスタッフさんに失礼やろ。頑張るのは当たり前、できて当たり前なんやから[*5]」

「大事なのは、ほんまに〝自分はやり切った〟って声を大にして言えるかどうかだけだと思うんです。口では、なんぼでも〝俺、がんばったし、やり切った〟って言えるけど、家に帰ってひとりになったらわかる。自分にウソついたかどうかなんて[*3]」というコメントからも、いかに村上が自分自身とシビアに対峙していたかがうかがえます。

しかし、ここでひとつの疑問がよぎります。そこまでの努力をすることは、辛くはないのでしょうか？　それに対して非常に明快な回答を、村上は与えてくれています。

「努力って自分でハードル上げれば、いつの間にか当たり前になっていくんですよね[*1]」

〝努力せなアカン〟という意識だった10代の頃を経て、努力が当たり前の20代に。

しかし黄金期のジュニアの仲間たちは、続々と村上より先にデビューしていきます。

同世代の嵐やタッキー&翼はおろか、自分よりも後輩のジュニアたちをメンバーとした、NEWSも先にデビュー。もちろん、焦りもありますが、村上はこう考えるようになります。

「自分なりの努力をして待ってればいいんだ、と。そう思えたら、メッチャ楽になれたんです[*6]」

「自分なりの努力」を続け、努力の「当たり前」のハードルを上げ続けた村上に、待望の瞬間が訪れます。22歳で関ジャニ∞としてデビューを果たすのです。

そして『月曜から夜ふかし』などのヒット番組にも恵まれ、やっとMCの仕事ができるようになった20代後半を経て、32歳の時には「20歳の時に想像してた自分はもう超えてんねん[*1]」と振り返っています。そして、「こういう立ち位置、存在でいたいとかはもうない[*1]」とも。だいぶ、力みが抜けたように感じます。

村上は歩んできた道をこう振り返ります。

「前は自分の理想のポジショニングがあったけど…。ジャニーズ事務所に入った人は、みんなフォワードになりたいですよきっと[*7]」

「そりゃ昔は月9に出たいとか、いろいろありましたよ。でも行った道、行った道、全部行き止まりやったから（笑）。ほんでたまたま『あ、ここ進めるな』って進んだ道が今なだけで」[*7]

滝沢秀明や松本潤に、渋谷すばるや横山裕……。10代の頃から、華やかな同世代に囲まれ、焦りながらも、色々な道にトライした村上信五。目標に最短距離でたどり着くことこそできませんでしたが、結果的に自分に適した道を見つけ、そこで才能を発揮していくことができたのです。

「思い通りにいくのは超一流の人だけですよ！」[*7]

よくよく考えると、選んだ１本目の道が自分の進める道である、なんてラッキーはなかなか起きづらいものです。村上の人生も、当初は行き止まりでしたが、色んな道に進んでみた結果、自分が進める道、進むべき道に出会えた人生だったと言えるでしょう。そして、それはきっと１本目の道で最短距離で進んだ人よりも、迂回した分、自分に脚力もついてくるはず。

努力はいつ華が開くか

２０１２年、30歳を超えてからは、村上は至る所で「仕事が楽しい」と発言しています。そして、自分の理想の仕事ができるようになった背景には、自分のことだけではなく他人のことを考えられるようになったのも大きかったようです。

「自分のことだけじゃなく、グループのことを考える時間が多い時期もあって、自分の目標は片隅に置きつつ、くらいになったんです。そしたら、気付けばやりたいことがどんどん来るようになってきて」[4]

配慮をするのは、グループのメンバーにだけではありません。番組を一緒に作るスタッフのことも考えるようになっていきます。

「昔は〝自分の仕事〟がなくなったらイヤやなと思ってたけど、今は違ってきてる。（中略）もしも終わったらスタッフに申し訳ないっていうのが一番大きい」[1]

こうして、10代の頃、ただただキャーキャー言われたくて、自分を主張していた少年は30歳を過ぎて「自分のことなんて、死んだ後に適当に言うてくれたらいい」[1]と言えるほどに。村上は周囲のことを第一に考えるようになっていったのです。

自分のことを考えなくなったら、自分の道が見えてきた。そして、自分のしたい仕事ができるようになった。周囲のための努力が、結果的に自分のやりたいことを叶える後押しをしてくれたのです。

自分のことしか考えない人に、なかなか協力しようとする気は起きません。しかし、「周囲のために」動こうとする人には、周囲の人も協力を惜しまないようになります。周りのために動いた人には、今度は周りが、その人のために動いてくれる。幸せな循環が起きていくのです。

努力とは自分のためにするもの——。ここまで紹介してきた多くの他のジャニーズの例を見てきてもわかるように、努力して自分の技術を上げていく、という意味ではそれは間違ってはいないでしょう。ただ、本当に華開くのは、その努力の方向性が周囲に向いたときなのかもしれません。

14 亀梨和也 *Kamenashi Kazuya*

――「辛いのは一瞬、作品は一生」[*1]

かめなし・かずや：1986年2月23日生まれ。東京都出身。98年、中学1年生の時にジャニーズ事務所入り。翌年『3年B組金八先生』に出演。2001年にKAT-TUNを結成。05年には『野ブタ。をプロデュース』に出演。『修二と彰』としてリリースした主題歌『青春アミーゴ』は累計出荷枚数200万枚を突破。06年にKAT-TUNとしてCDデビュー。10年からは、『Going！Sports & News』のキャスターも務める。

「劣っている」自覚から努力は始まる

人の〝努力の理由〟になりうるものとは、一体何なのでしょうか。それが強ければ強いほど、その人の努力を促すもの。もちろん答えはひとつではなく、たとえば「高い理想」「誰かのためにという想い」など、様々あるでしょう。ただ、KAT-TUNの亀梨和也の人生を見ると、こうも思えます。

強烈な努力のスタート地点となるのは、「劣っている」という自覚である。
亀梨は、30歳を過ぎて過去をこう振り返ります。
「僕は何の才能もないから目の前のことを精いっぱいやるしかなかった」[*2]
さらに、18歳くらいの頃、ジャニー喜多川に、こう言われたといいます。
「YOUは背負っていくんだよ」[*3]
才能のなさを自認する彼がトップアイドルの称号を獲得し、そして葛藤を経て現在に至るまでの過程を追います。
名前の由来は、あだち充の漫画『タッチ』の和也から、[*4]という亀梨和也。小学校1年から6年間、野球ひとすじの生活を続け、リトルリーグの世界大会にも出場した実力の持ち主です。[*5]「甲子園に行きたい」「プロ野球選手になりたい」という夢を持って、チームのキャプテンまで務めていた野球少年でした。[*6]
そんな彼が、いとこの送った履歴書をきっかけにオーディションを受けたのが中学校1年の秋。[*5]ジャニーズのレッスンと野球のレッスンの重なる日曜日は、野球のほうを選択するなど、レッスンを休みがちに。両立はできないという自覚はある中、ジャニーはこう亀梨を誘います。

「YOU、ジャニーズで野球やっちゃいなよ」[*9]

そうして亀梨は中2の春から、ジャニーズでの活動に専念します。[*2]

後に「修二と彰」としてユニットを組み、『青春アミーゴ』で200万枚を越える大ヒットを飛ばすことになる山下智久とは同い年。しかし、「ジャニーズ事務所に入った当時、山P（山下智久の愛称）は100人いるJr.の最前列のセンターにいて、オレは1番後ろの左端で踊ってた。同い年だけど、それくらい距離があった」[*7]と振り返ります。

中学校が終わった後、NHKまで山下や赤西仁と3人で歩いていると、山下は100人単位、赤西は40人ほどファンがついてくる中、亀梨には2人だけだったという話も。[*8]

高校受験を控えた頃には、母親の目の前でスタッフに「キミはほうきで掃けばいなくなる程度のJr.なんだから」と言われ、辞めることを決意。そこでジャニーに「YOUはやんないとだめだよ」と引き止められます。[*8、*9]

扱いや人気の差だけではなく、スターとしての資質の差も感じていました。

「ジャニーズでも、タッキー（滝沢秀明）や山P（山下智久）みたいな美形は立ってるだけで絵になるけど、僕は自分もそうだというふうには子どものころから思ってなかったんですね」[*10]

「自分は立ってるだけでは絵にならない」という言葉が今ではなかなか腑に落ちませんが、たしかに亀梨は、もともと万人受けする美形というよりも、かっこよさを意識して作っていったタイプなのかもしれません。ジュニア時代、冗談とはいえ、「おう、ブサイク！」とからかわれていたという話もあります。[*8]

自分でもこう語っています。

「少なくとも、顔で商売できるタイプじゃないと思う」[*8]

「俺はただ立っているだけで成立するスターみたいな人じゃないと思ってるからね（笑）。そこはやっぱり、努力をしていくことが必要になるよね」[*11]

万人受けする美形ではないという自覚があるからこそ、自らの努力でかっこよさを作っていく。亀梨にとっては、例えば映画『ジョーカー・ゲーム』のときの、役作りのために64キロから56キロに体重を落とす、なんていうことは当たり前。ちなみにこのときはジムに行く時間もなかったため、移動の車の中で腹筋運動をしたり、食事もキャベツや豆腐、しらす中心の生活をしていたそうです。[*12]

そうして「立っているだけで成立するスター」との差を努力で埋めていった亀梨ですが、今でも「自分で『カッコつけてる』という意識がある」[*12]と語ります。コンサートでの歓声も「〝『キャー』と言ってもらっている〟というか、『キャー』を引き出す作業」[*13]と言うほど、意識的にかっこよくあろうとしているのです。しかも、それは自分のためではなく、求めてくれている誰かのため。「自分の欲望のためにやるんだったら、俺、この仕事やめていると思う（笑）」[*14]とまで語ります。

そして、逆に自分のためにカッコつける人間を「求められていないのに自己愛だけでカッコつけるような、そんな寒いヤツにはなりたくない」[*12]とバッサリ切り捨てます。「自分がどこにいたいかよりこの場面で自分が何をすればいいのかを考えます」[*2]。カッコつけるのも、求められているから。

彼の仕事は、むやみに自己表現をしているのではなく、他者の求めるものに答えていくというスタンスの上に成り立っているのです。

そんな亀梨が、２０１０年、24歳で得たのが、日本テレビの『Going! Sports & News』のキャスターの仕事。それをきっかけに、プロ野球の始球式や、副音声での野球中継への参加など、ジャニーズ入りで一度は諦めたプロ野球への夢を、12年の時を経て、間接的に叶えているようにも見えます。

「夢だった甲子園のマウンドも東京ドームのマウンドもタレント亀梨和也として踏んだ」[*8]と本人も、かつて夢見た場所にたどりついた実感を語ります。

「ＹＯＵ、ジャニーズで野球やっちゃいなよ」というジャニー喜多川の言葉は現実化し、それどころか単に〝ジャニーズで野球をやる〟という言葉のレベルに留まらず、亀梨は〝ジャニーズだからこそできる形で野球というスポーツに貢献〟しているのです。

もちろん、番組の企画で「ホームランを打つ」「１４０キロの球を投げる」といった試練が与えられたときも、本気でぶつかっていきます。

「仕事をする上で譲れないものとは？」と聞かれた亀梨はこう答えています。

「渡されたものに関して、達成したと思えるまでは終わらせられないこと。（中略）『自分らしくない』とか『できない』とか言いたくないし、求められたもの以上を達成したい」[*15]

高校生の頃の一時期、距離をおいていたという山下智久には、30歳を超えてこう言われたといいます。

「亀ってあのときからプロだったんだよね[*2]」と。

アイドルという最強の存在

歌やダンスのみならず俳優業にキャスターとしての仕事まで。なぜこんなに亀梨は全力で取り組めるのでしょうか。

「デビューしたころ、何をやるのも『アイドルだからこれくらいでオッケーでしょ』という感覚でやっているように見られることが、すごく嫌だった[*16]」と仕事への職業意識の高さを語ります。

スポーツキャスターの仕事にしても「例えば選手が自分の取材だけを受けてくれたとしたら、その方を取材したがっていた他の記者のみなさん以上の熱量を持って向き合わなければいけない、と思うんです[*17]」と、アイドルだから手を抜いていいという意識は微塵もありません。

「アイドル」という言葉をハードルを下げることに使われた苦い記憶のある亀梨は、今自らアイドルという言葉のハードルを上げにいっているようにも思えます。

そして30歳を超えた亀梨は「本物」のアイドルでいることにこだわります。

「アイドルは求められたところで最高の結果を出す、『最強』の存在でなければいけないと思うんです。音楽でも芝居でもキャスターでも、その筋の専門家に囲まれる中で『できるね』と言わせるために、人より勉強して、人より多くの時間を費やさなければいけない」[*17]

その言葉通り、「自信がないから」野球の練習をたくさんし、台本を何回も読むという亀梨。[*18]

自信がないから、頑張れる。自信がなくても、目指すものは遠く。

「最強の存在でありたい」という到達点と、「劣っている」という自己認識。自己評価の低さと、目標の高さの差。その差が、人が努力したいと思える道のり、すなわち〝努力の理由〟になるのです。

ジャニー喜多川は本物のアイドルのみが気づけるその宿命を、亀梨が気づき背負ってくれることを感じていたのかもしれません。

15 伊野尾慧

Inoo Kei

――「選択肢が多いことが人生を豊かにすることだと思ってるから。その選択肢で道をまちがっても、それ以前に、分かれ道があるってことに価値がある」[*1]

いのお・けい：1990年6月22日生まれ。埼玉県出身。2001年、11歳でジャニーズJr.に。07年、Hey! Say! JUMPとしてCDデビュー。初めてのドラマ出演は、14年の『ダークシステム　恋の王座決定戦』。16年には『めざましテレビ』の木曜スペシャルサポーターや『メレンゲの気持ち』で初の男性MCに。

仕事のない時期の過ごし方

もし人生が「計画通り」にはいかないものだとしたら――。

〝結果を出すためだけの日々〟を計画的におくるよりも、色々なことをやりながら日々を過ごして〝結果オーライ〟の人生もまた楽しいのではないでしょうか。

「デビューしてから7年半ぐらいほとんど個人の仕事がなくて[*2]」と振り返るのは、Ｈｅｙ！Ｓａｙ！ＪＵＭＰの伊野尾慧。

「いてもいなくても正直よく分かんない立ち位置だったのよ。歌番組でも1回も抜かれなかったり、歌割りがなかったりしていた[*2]」と、自身も当時を振り返って「ほとんどバックダンサー」と自嘲するほど。

Ｈｅｙ！Ｓａｙ！ＪＵＭＰはデビュー当初のメンバーが10人というジャニーズ史上最多人数のグループ。しかも、そのグループのメンバー決めにおいてもジャニー喜多川に「ギリギリで決めた[*1]」と言われてしまっている伊野尾。そんなＨｅｙ！Ｓａｙ！ＪＵＭＰの〝最後のメンバー〟といってもいい彼には、デビュー当初、なかなか目立つ仕事が回ってこなかったのです。

デビューの２００７年から２０１４年までの7年間は、ステージやバラエティ番組などは、ほぼグループでの出演のみ。同じグループには山田涼介や中島裕翔といった、個人でドラマや映画の主演をするメンバーもいたことを考えると、大きな差です。当時は、アイドル雑誌によくある「○○クンの1日に密着」という企画でも、「ええっ、こんなに暇なの？」とツッコみたくなる1日が円グラフで書かれていて、傍から見ても心配な状況が続いていました。

しかしそんな伊野尾も、2016年には『めざましテレビ』のレギュラーや『メレンゲの気持ち』初の男性MCとしてお茶の間に顔が知れ、ひとたび表紙を飾ればその雑誌がバカ売れするという、ブレイクといっていい状態に。アラサーになっても、その愛くるしさと、ときに醸し出す男の色気で、遅れてやってきた快進撃を続けています。

風呂に入らず舞台→論文

「ほとんど個人の仕事がなくて」と本人も振り返る時期に、伊野尾は何をしていたのでしょうか。端的に言うと、大学に通っていたのでした。いや、正確に言うと、通うことができてしまったのです。一般的にアイドルの大学進学というと、「忙しい仕事の合間を縫って」というイメージですが、彼はちゃんと大学に通えたのです。

伊野尾が進学したのは、明治大学理工学部の建築学科。大学生ジャニーズというと慶応大学の櫻井翔、同じ明治大学にも山下智久やNEWSの小山慶一郎といった先輩がいます。

その影響もあってか、平成生まれの伊野尾たちの世代では、難関大学に進学することのインパクトは少なくなってきていました。しかしポイントは、大卒ジャニーズの中でも珍しい理系であること。さらに建築学科であったこと。これが、のちのち仕事にも活きてくるのです。

伊野尾は大学時代を「ドブみたいな学生生活」と振り返り、何日も風呂に入らず論文を書いていたこともあったそうです。[*2] 卒業論文を書いている時期は、学校に泊まり込み、寝袋で睡眠をとって、研究室の水道で頭を洗い、そのまま帝国劇場で舞台に立つというハードな日々。[*3] 3ヶ月の舞台の千秋楽の2日後に卒業論文の提出日という過密スケジュールを乗り切ります。[*4]

在学中に東日本大震災が発生し、「テレビなどで報道を見る限りの情報しか知らなくて。（中略）でも実情をあまり知らなくてコメントしている自分になんでなんだろうって」[*3] と葛藤が生まれます。

「俺、大学の研究室を選ぶとき、震災復興に関係してるとこを選んで。事務所に所属してるから、個人的に被災地に行くことって、なかなか難しい。でも、学校ならオッケーだと思って」[*1] と研究室に所属し、学生であることをうまく利用して、実際に教授たちと共に被災地に行き、現地でヒアリング。震災から1年と少しのタイミングで、被災者に津波の経験を話してもらうという、受け身のままではなかなかできないフィールドワークに取り組みます。

そこで、色々な世代のはじめて会う人たちに話を聞いた経験は「『めざましテレビ』でいろんな人の話を聞く時に生きているなと思う」[*2]といいます。

もちろん、建築学科で学んだことの効用は、それだけではありません。大学を卒業して2年ほどたった2015年頃から、その他のジャニーズと被らないキャラクターが注目され、それをフックに番組に呼ばれたりコメントを求められることが増加します。そして、2016年の4月には『めざましテレビ』の木曜日レギュラー、『メレンゲの気持ち』での初の男性MCと一気に仕事が拡大しました。

『めざましテレビ』の自分のコーナーで、建築士のお宅を訪問するのも慣例に。「建築アイドル」とも呼ばれ、家探しの企画に呼ばれると「これは丸太組工法ですね」[*5]といった建築を学んでないと出てこないコメントをするなど、その建築知識を存分に活かしています。

人生何が役に立つかはわからない

ここで注目すべきは、伊野尾は仕事に活かそうと狙って建築学科を志望したわけではない、ということです。「将来的に仕事の役に立ちそう」といった打算があったわけではなく、もう少し直感的。

高校を選ぶときも「仕事だけじゃない空間を持ってるってのが居心地いい」[*1]という理由で、多くのジャニーズの仲間が進学する堀越学園を選びませんでした。彼にとっては、仕事と別の空間を持つことが大事だったのです。

「勉強してきたことが仕事につながるなんて当時は考えてもいなかったけど、途中で投げ出さないで、頑張って学生としてやってたんだよね。そういったことが、卒業して何年かたって〝建築学科卒〟っていうことで（中略）お仕事があったり、続けてきたことが実ったのかなって。何年後に実るか実らないかなんて誰にも分からないから、仕事につながらなくてもいいと思っていた。経験こそが楽しくて」[*2]

楽しいから経験を重ねる――。すぐに直接的に何かに役立つような気がしなくても、経験を重ねる。むしろ、仕事で行くような場所や出会う人とは、また違う場所や人の所に足を運ぶ。

そうすると、いつかその〝楽しい経験〟が、自分でも思いもよらなかったところでつながって、結果的に〝役に立つ経験〟になるのです。

２０１６年、26歳の伊野尾は、『17歳の伊野尾君へ』ということで、デビューの年への自分にこんな手紙を書いています。

「今までやってきた事、新しく始める事、何気ない事、最初はどれも関連性のない小さな点みたいな物かもしれないけれど、続ける事でそれぞれの点が段々大きくなって、重なるところが出てくるから。重なるところが、きっと個性になるから。意味がないと思う事も真面目に続ける事が大切だよ。仕事がなかなかうまくいかなかったり、嫌な事もたくさんあるかも知れないけど、同じくらい楽しい事もあるから安心してね」[*6]

「今○○をすることが、自分の将来の○○の仕事において役に立つ」といった明確な想像をもって、点を打っていって、それをつなげて展開していく〝計画型〟人生を送る道もあります。ただ、人生には予想外の要素も入ってくることを考えると、うまくいかなくなる計画もあるでしょう。

一方で、伊野尾の言う〝とりあえず打ってみた点を大きくして、重ねていく人生〟は、予想外のことや、うまくいかないことも楽しめそうな感触があります。もちろん「意味がないと思う事も真面目に続ける」という意味での、点を広げる努力は必要で、楽ではないでしょうが、最終的に〝結果オーライ〟と言える人生もまた味わい深そうです。

意図的に点を打っていって線をつなぐ人生もいいものですが、広がった点が生んだ偶然の重なりを楽しむ人生もまた豊かなものです。

ちなみに、伊野尾は以前、バラエティ番組で冗談めかして、こんな発言をしていました。

「ジャニーズだけじゃ、食べていけないんですよー」[*7]

どんなに大きな後ろ盾があっても、それだけじゃ〝食べていけない〟と思って努力する。そうして点を広げていくことで、自力で作った盤石な土台ができあがる。その自分で打った点の重なった土台の上でこそ、結果的に〝食べていけるようになる〟のかもしれません。

16 中島健人 *Nakajima Kento*

――「苦ですら楽しむ、という感覚になったら勝ちなんです」[*1]

なかじま・けんと：1994年3月13日生まれ。東京都出身。中学2年生の終わり、自ら履歴書をジャニーズ事務所へ送る。ジュニア時代から月9ドラマ『大切なことはすべて君が教えてくれた』に出演するなどして活躍。17歳で、当時平均年齢14・2歳のジャニーズ史上最年少デビューグループ「Sexy Zone」の最年長メンバーとしてCDデビュー。映画『銀の匙 Silver Spoon』『黒崎くんの言いなりになんてならない』、ドラマ『黒服物語』などで主演を務める。2012年、明治学院大学に入学（17年卒業）。

極端な意識の高さが一流の器を作る

意識の差は、時の重なりと共に人としての本質的な差になって表れてくる――。

ジュニア時代から10年以上の時を重ねた、Ｓｅｘｙ Ｚｏｎｅの中島健人は、アイドルとしての意識の高さが生んだ、若きプロフェッショナルと言っていいでしょう。

意識の差というものは、すぐには、目に見える形で成果があらわれるものではありません。しかし、自らを律し、何かを我慢して、己の道を邁進している人には、その我慢や努力の事実を周囲に知られずとも、プロフェッショナルとしての風格が自然と滲み出てくるものです。最初は意識だけの差だったとしても、それは時間とともに必ず、結果の差としてあらわれてくる――。

中島健人は、常に〝アイドルである自分〟、いや今だけではなく未来の〝トップアイドルになる自分〟をも意識し続ける、アイドルのプロフェッショナル中のプロフェッショナルです。

とはいえ、もともとは「クラスのアイドル」にもなれなかったという中島。[*2] 友達も多くなく、ネガティブシンキング。人間関係もうまく作れず「自分の居場所はここじゃないんだ」と悩んだ中学生の中島は、「世界を変える」「目の前の景色を自ら変えるぞ」という意識で、自ら応募し、ジャニーズの世界に飛び込みます。[*2]

「アイドルは、みんなをポジティブにする存在だから、自分もポジティブでないといけない」[*3]と覚悟を決めます。その意識の高さは、入所直後にプライベートで女子と接することをやめる、と決めたほど。中学３年生という思春期まっただ中でこの決断。

「ジャニーズでトップに立つのが目標だったし、寄り道なんかしている暇はないんだと言い聞かせて」[*4]という言葉からは、決意の強さがうかがえます。

もちろん、スキャンダルはゼロ。それでいて、仕事の場では、お芝居の中で、コンサート中に、握手会で……全女子を喜ばせる言葉を発することができる。本当に漫画の王子様が現実に現れたかのような稀有な存在。それが、中島健人なのです。

一方、その意識の高さが、ジュニア時代はけむたがられることもありました。先輩のバックで踊るときも、「ひとりだけカメラ目線で踊っている」と怒られたり、[*5]「メインより目立つな！」と怒鳴られたりすることも。[*6]ただ言い換えれば、たとえ位置的にはバックでも、彼の中では常に自分がメインであるという具合に、セルフイメージを高く持っていた、ともいえます。

その意識の高さは、普段のコミュニケーションにも表れます。テレビ番組収録後には、ひとりで楽屋に残って自分にダメ出し。スタッフを捕まえてアドバイスを求めます。[*7]

主演映画の撮影の際には、ハードスケジュールで疲れていても、いつも周りと話をします。そこでは照明部と仲良くなり、そのスタッフが照明を担当した作品を聞いて携帯でメモを取り、そのあとにちゃんと観てくる……といった具合で、知見を深めていきます。自分が成長するために、周りの大人とコミュニケーションをとりながら、吸収できることは全部吸収していくのです。

極端とも思える割り切りや執着こそが、一流としての器を作る。中島健人の意識の高い器の上に、多くの知見がたまり、どんどんと一流へと近づいていったのです。

目標はジャニーズのトップ

中島健人は、この時代に珍しい、ちゃんと目標を宣言する若者でもあります。「NO．1にならなくてもいい」と先輩グループが歌った時代の少し後に思春期を迎えた彼の口癖は「NO．1になる」[*5]。インタビューでも、先に引用した「ジャニーズでトップに立つのが目標」といった発言や「時代のアイコンになりたい」「周りには絶対負けたくない」など、他の若者だったら思っていても言わないような言葉も、有言実行とばかりにきちんと口にします。その効用を自身でこう分析します。
「目標がオーバーで壮大すぎるから、小さな障害とかはあんまり障害に感じない」[*8]
それは、ジャニーズのトップ・アイドルとしてのセルフ・イメージを強く高く持ち続けている証拠でもあります。その常に高く持っている自分に対するイメージは、ときに消せずに苦労することも。映画のリハーサルの時に、歩き方がモデル・ウォークになりすぎていたり、キラキラしたオーラが消せなかったり。そんな〝アイドルでありすぎる〟日常が仇となり、『銀の匙』というイケていない高校生役を演じた映画では、最初は現場がザワついたようです。

こうした自ら職業病と称するアイドル風モデル・ウォークも、実はセルフ・イメージの結晶。友人や母親に応募書類を送られた人も多い事務所の中で中島は、「『第一志望校がジャニーズ』っていう気持ち[*3]」と入る前からジャニーズが好きで、自ら応募してきたタイプ。事務所への入所前に参加したピアノの発表会では、すでにかっこつけて歩くモデル・ウォークの中島がうつっています[*9]。それは入所前から、きちんとアイドルとしての自分をイメージできていた証拠でもあるのではないでしょうか。

終わらない青春

そんなアイドルとしてのプロフェッショナルな姿勢は、ドラマの撮影中や、雑誌のインタビュー中だけではありません。中島は、握手会でのファンへの対応が神対応、ということでも有名です。必ず女子をキュンとさせる上に、どんな話しかけられ方をしても、きちんと返すという神業を持っています。

例えば、ファンに「好きです」と言われると、中島はこう返します。

「俺は好きじゃないよ。愛してるよ」

そして「結婚してください」と言われると……。

「バカ、俺から言わせろよ」[*10]

ときには丸一日かかるようなこともある握手会。それでも、数々のセリフが瞬時に出てくるというのは、仕事の時間以外も、きちんとアイドルとして生きている証拠でしょう。やはり、プロフェッショナルとして生きていると、ふとした瞬間にも、その本質が滲み出てくるものなのです。

さて、彼の握手会に男性が行くとどうなるのか、と思われる方もいると思うので、私の経験をお話ししましょう。デビュー当時の握手会で、主に10代の女性が長蛇の列をなす中、並び続けたアラサー男性の私は、自分がここにいてはいけない人間なのではないかと感じ、握手してもらう瞬間に「男ですいません」と謝るという行動に出てしまいました。すると中島健人から返ってきたのは、

「ありがとう！　僕たちは、結婚だけができないね」

相手の劣等感をむしろ肯定し、そして「結婚以外は大丈夫なの？」という妄想の余地

さえも与える完璧な返し。プロフェッショナルとしての意識の高さを感じました。

もちろん、あまりに日常では出てこないセリフに、違う世界や時代を生きている人かのような感覚を覚える人もいるかもしれません。しかし、中島健人は一生をかけて、そして覚悟を持って、アイドルという青春を生き続けている男なのです。その証拠にこんな発言をしています。

「僕は人生100年のすべてが青春だと考えています。いつだって学ぶことはできるし、なりたい自分に近づくのに遅すぎることはない[*11]」

ジャニーズの世界の中には、いつも〝青春〟を感じます。彼らが何歳になっても現状に満足せずに、〝なりたい自分〟を追い求め続ける姿。そこに、終わらない青春があるのかもしれません。

未完成時代をどう生きるか――第1部まとめ

未完成時代。まだ何者にもなっていない時代。

ここまで、多くのジャニーズの人生とその努力に触れてきたことで、彼らがはじめから〝何者か〟であったわけではない、ということに気づいてもらえたことと思います。ジャニーズJr.になった時点はまだしも、グループに選ばれデビューしてもなお、自分の人生の道に悩み、葛藤する者もいました。

しかし、何者かになった人を「自分のやるべきことを見つけ、そこに邁進でき、それによって結果を出せる人」と定義した場合、苦しく悩むことが多いのは、この何者かになる前の未完成時代の方でしょう。

〝何者か〟になった後は、何に対して努力をし、時間を費やせばいいのかがわかってきます。それにくらべ、未完成時代は、それすらも不明確で、自分の努力がはたして未来につながっているかどうかもわからない時期です。「『頑張れ』って言われても、何を頑張ればいいのかわからない」期間。しかも選択肢は無数に存在し、どれを選ぶかで未来が変わってしまう。走らなければならない感覚だけがあるけど、今自分が走り始めたトンネルが、どこにつながっているのかはわからない。そんな時代です。

この未完成時代に直面する大きなテーマが、「やりたいこと」に関することでしょう。「やりたいことが明確で、そこに突き進んでいる」という人はいいのですが、多くの人はこんな問題にぶつかるのではないでしょうか。

・そもそも「やりたいこと」なんてない。
・「やりたいこと」ができない状況にいる。
・「与えられたこと」に気が乗らない。
・そもそも「与えられたこと」すらない。

他にも色々なパターンがあると思いますが、大きくこの4つの問題に分けられるはずです。

ここからは、第１部でご紹介してきたジャニーズたちが、こうした問題に直面したとき、どのように身を処してきたのかをいくつかのタイプ別に見ていきましょう。中には、第１部では紹介しきれなかったジャニーズについても言及していることをあらかじめ断っておきます。

まずは、「やりたいこと」をやるべきか？「与えられたこと」をやるべきか？という疑問について考えていきます。

Ⅰ　与えられたことを全力でやり続ける（堂本光一、滝沢秀明）

このパターンにあてはまるのは、堂本光一、滝沢秀明です。将来について聞かれると「目標はありません」と答える堂本光一はその筆頭。その分、とにかく、今日の前に与えられたことにベストを尽くしていくタイプの人たちです。

それは決して、「言われたことだけやる」ということではありません。与えられた課題をどう乗り越えるか自分で考え、日々の生活をも自制していきます。２人とも、肉体が鍛え上げられたタイプであるのもその証拠。舞台期間中は起きる時間からシャワーを浴びる時間まで決めて、そのスケジュールを厳守する堂本光一。このタイプの先輩には、腹筋1日1000回を課し[1]、寝言でセリフを言う少年隊の東山紀之[2]もいます。彼らは、乗り越えるべき課題こそ人に与えられたものかもしれませんが、それに対する努力の量が、普通の人の比ではないのです。

「仕事が趣味」「『今この時、自分に何ができるか』に全てを注いでいきたい」という光一の発言からもわかるように、良くも悪くも仕事が全て。自分の人生を全力で目の前の仕事に注ぐことで、一線を越えた成果を提供する、全力一点突破型の人たちです。

正直、与えられた時点で、彼らがそれに向いていたのかはわかりません。しかし、他者を凌駕する圧倒的な努力と時間をかけて、その分野の一流になっていった人たちなのです。堂本光一はこう振り返ります。

「僕は歌も芝居も全くできないところから始まったんですが、やっていくうちに楽しいなと思えるようになりました。(中略) ちゃんと向き合おうと思って勉強し始めたら、学ぶことが楽しくなって[3]」

〝与えられたこと〟を〝自分に向いていること〟に変えていく。それすらも努力で実現してしまったのが彼らなのです。

ミュージカル俳優はおろか、芸能界すらも志していなかった堂本光一が「ミュージカルをやらない？」とジャニー喜多川に言われてやり始め、今では帝国劇場での単独主演記録をもつ日本を代表するミュージカル俳優にまでになったのはその最たる例と言えるでしょう。

Ⅱ　与えられたことをやりながら、自分のやりたいことを続ける（岡田准一、堂本剛、大野智）

一方で、その「ミュージカルやらない？」の誘いを即答で断った堂本剛を含むのが、このⅡの人たちです。Ⅰの人たちは、たまたま最初に与えられたものが自分にハマった人たちだったとも言えます。また、ジュニア入り直後から活躍していた3人でもあり、頑張れば、それを披露する場が用意されていた人たちです。「与えられたこと＝会社がやって欲しいこと」で成果を出すため、会社の顔のような存在にもなりやすい立場です。

しかしⅡの人がそうであったように、誰かに与えられたことが〝自分のやりたいこと〟と一致するとは限りません。さらに〝自分のやりたいこと〟が明確な人ほど、〝与えられたこと〟に対して苦痛を覚え始めることも。

岡田准一、堂本剛、大野智……と、どちらかと言うとアイドルであることへの葛藤を経てきたようなメンバーが並びます。

嵐に選ばれても、どうやったら逃げられるかばかり考えていた大野を筆頭に、最初は彼らにとって、〝与えられたこと〟イコール〝自分のやりたいこと〟ではなかったかもしれません。しかし、彼らは〝与えられたこと〟に対してもきちんと向き合いながら、他の時間で、〝自分のやりたいこと〟を続けていきます。

彼らは、〝与えられたこと〟を全面的に拒否したわけではありません。〝与えられたこと〟をきちんとこなしながら〝自分のやりたいこと〟に時間を割いてきました。その結果、2つともすぐにうまくいった、というわけではありませんが、〝与えられたこと〟で成果を出すことで、〝自分のやりたいこと〟も認められていく、という状況ができあがっていったのです。大野が個展を開催できたケースや、堂本剛がソロプロジェクトのためにプレゼンしたことを考えると、〝与えられたもの〟で成果を出したことが、〝自分のやりたいこと〟の実現の後押しをした、という言い方もできるかもしれません。

ポイントは、どちらか手を抜いたわけではない、ということ。「二兎を追うものは一兎をも得ず」ということわざがありますが、その逆。一兎に手を抜くことなく、二兎を必死で追ったことで、二兎とも得ることができるようになったのです。

自ら企画した『ＳＰ』を映画化まで実現させた岡田准一は、〝やりたいこと〟を実現させても〝与えられたこと〟に尽力することを否定しません。

「たとえば、『木更津キャッツアイ』。あの作品は宮藤（官九郎。脚本を担当）さんと話し合ってつくり上げたわけじゃないし、僕にとっては最初から〈与えられたモノ〉だったけれど、与えられたなかでもたくさんの幸せを見つけることができた[*4]」

〝やりたいこと〟が明確な人はそれだけで幸せなことです。ただ、〝やりたいこと〟に注力しても、それがすぐに花開く保証はありません。

また、何もすることがないよりも、自分に〝与えられたもの〟があることは、幸せなこと。「仕事を誰かに与えられている」ということはそれを望む誰かがいる、ということで、その対価も得ることになります。一方で、他者からのニーズではなく、自分発信である〝やりたいこと〟で、すぐに対価を得るのは、なかなか難しいことでもあります。

〝与えられたもの〟と〝やりたいこと〟のどちらかに絞ってしまうことはリスクを高めます。どちらも全力でやりながら、〝やりたいこと〟が花開くときを待つ、というのはとても現代的な努力の仕方なのかもしれません。

Ⅲ 〝与えられたこと〟を頑張っていたら〝やりたいこと〟が見つかった（風間俊介、生田斗真、長瀬智也）

しかし、そもそも〝やりたいこと〟なんてない、という人もいるはずです。そんな人に参考にしてほしいのがこちらのパターンです。

基本的にはジャニーズJr.の仕事は、踊って、歌うこと。まずは、ステージやライブという場で歌い踊ることが求められます。そこで頑張っていると、俳優業などの他の仕事も与えられるようになっていくというのが多くのジュニアの流れ。風間や本文では触れられなかった生田斗真は、10年以上の間、ジュニアとして活動していましたが、最終的には、歌や踊りという最初に〝与えられたこと〟ではなく、俳優という立場でジュニアを卒業した2人です。

「嵐の一員となってもおかしくなかった」[*5]と振り返る言葉が大げさではないほどに人気ジュニアだった生田斗真は、嵐のデビュー後、徐々にジャニーズJr.のライブ等に出演しなくなっていきますが、劇団☆新感線の舞台に出演することによって芝居に開眼。「死ぬほど楽しい！」[*6]と感じて邁進し、日本映画界の重鎮・荒戸源次郎をして「ジャニーズに対する評価が一変した」[*7]と言わしめる俳優に成長します。

もちろん2人にとって、俳優業も最初は〝与えられたこと〟。でも、それをやっていたら、「これが自分の〝やりたいこと〟だ」と気づけたのです。

先にも述べましたが〝やりたいこと〟がそのまま他者によって与えられる、というのはなかなか稀なこと。一方で、〝やりたいこと〟がない人にとって、一番最初に〝与えられたこと〟が〝やりたいこと〟になるなんてことも、なかなか起こりにくいといっていいでしょう。ただ、与えられたことを頑張っていたら、また別のものが与えられ……そしてその何個目かが自分にフィットし、人生を懸けられる〝やりたいこと〟になることは大いにありうるのです。

なので、最初に〝与えられたこと〟がフィットしなかったからといって悲観することはありません。風間に至っては、〝与えられたこと〟ができないことをウリにすらしていました。それがウリになるのは、自分の所属する組織で、それが〝できない〟人は〝他にいない〟からです。

何もできない人が存在しない以上、その分、自分には他の〝できること〟があるはずです。そして、その自分が〝できること〟に取り組める人は、同じ組織の中にそうそういないはず。組織には基本的には近い種類の人が集まるものだからです。多くの人がこなせる〝メイン業務〟ではない部分で、自分にしかできないことを発見し、組織に新しい風を吹かせるチャンスとも捉えられます。

生田斗真は、CDデビューせずにジャニーズJr.を卒業する初めての存在となり、それを山下智久は「斗真は前例を自分で壊しながら、自分の力で仕事を勝ち得てきた」[*8]と評しました。

重要なのは、彼らにとっての〝やりたいこと〟は、急に自分の中で湧き上がってきたものではないということです。誰かに与えられたことで、気づけたものだったのです。そのために必要なのは、たくさんの機会を与えてもらうこと。より多くの機会を与えてもらうために、今与えられたことを頑張る、というのが、ひとつの道筋なのかもしれません。

発見した〝やりたいこと〟が、一番最初に〝与えられたこと〟の延長線だったという点で、少し2人とはズレますが、長瀬智也も大きく分けるとこのグループです。TOKIOは自発的ではなく「組まされた」バンドで、最初は与えられた曲を演奏していた長瀬でしたが、その中で自分で曲を作ることの楽しさに気づいていくのです。

「アイドルって（中略）最初は何もわからないけど、目の前に用意されたことを一生懸命にやる。でもその中で〈自分はこれだな〉ってものを見つけると、凄い覚悟でそれに向かっていくんです[*9]」

Ⅳ 〝やりたいこと〟ができなくなったが、間接的に夢が叶った（亀梨和也、手越祐也）

一方で、幼少期の頃から〝やりたいこと〟が明確にあるという人もいます。それ自体はとても素晴らしいことですが、同時に、何かの理由で、その〝やりたいこと〟ができなくなったときの失望も同時に大きく存在します。〝やりたいこと〟があるということは、尊いことでありながら、呪いのようなものでもあるのです。多くの人が初恋の人と結婚できないように、最初に得られなかったものが明確なときにどう折り合いをつけて、その後の人生を生きていくべきなのかという悲しくも高い壁。

亀梨和也は野球選手という明確な夢がありました。また、本文では触れられませんでしたが、ＮＥＷＳの手越祐也もサッカー選手になることが夢でした。しかし２人とも、ジャニーズ事務所に入ることで、どちらかを選ばざるを得なくなります。スポーツをやめる決断をした２人は、ジャニーズでの活動に邁進。デビューを果たします。

さらにデビュー後、手越はサッカー番組の司会、亀梨和也はスポーツ番組にレギュラー出演、プロ野球の始球式や副音声で中継に参加するなど、夢だったスポーツの仕事に関わっていきます。彼らは間接的ですが夢を叶えているのです。自分の夢見た世界に関わりながら、別世界で生きてきたからこその、2人にしか生み出せない価値をその世界に提供しています。

2人に共通するのは、野球・サッカーという夢に対しても本気で、それなりの成果を出していたこと。もちろん、スポーツで成果を出したからといって、ジャニーズという世界でも成果を出せるわけではない、という疑問が湧くかもしれません。しかし、一度何かを究めた人は、そこで身につけた脚力で、別の山にも登ることができるのです。そこには「一度何かを諦めている」という切迫感も加わります。そうして、たどり着いた頂上は、別の山ではあるものの、もともと目指していた山の頂上と同じくらいの高さであるかもしれません。

ひとつの山に登ることが許されなくなると、全ての可能性が閉じられたように感じてしまうかもしれませんが、その高さまで登る道は他にもいくらでも存在します。

10代で最初に描いた夢を実現することが称賛されがちですが、それが無理でも、〝間接的に夢を叶える〟ことで、10代の頃に描いていた想像を越えることは大いにありえることなのです。

V　〝与えられたこと〟に懐疑的な視点を持つことが自分の希少性を高める（櫻井翔、岡本健一）

ここまでの例を見ると、〝与えられたこと〟に全力で応じることだけが道のように捉えられてしまうかもしれませんが、それだけが善とも限りません。集団の行動原理は、当然、自分だけのために最適化されたものではありませんから、自分はどういう行動をとるべきか、自分の頭で考えることも必要です。

嵐の櫻井翔は、慶応の付属校に通い、ジャニーズJr.になってからも、学業優先。試験のひと月前からは仕事を休むというスタンスを貫いていました。しかし、そうしてきちんと慶応を卒業したことで、〝唯一の慶応ジャニーズ〟という立ち位置を得ることになったのです。

「はじめに」以降触れてこなかった岡本健一も、実はこのタイプ。15歳で事務所に入った頃、ダンス・レッスンを受けていましたが、「ここで頑張っても少年隊のバック」「自分よりダンスがうまい人はいる」と冷静に悟ります。そして、後に男闘呼組のメンバーとなる成田昭次にギターを教えてもらい、傾倒。ダンス・レッスンをサボる口実として、音楽スタジオを借り、練習を始めます。それがジャニーズ初のロックバンドという形態でのデビューにつながっていくのです。[*10、*11]

この2人はジャニーズの中ではアウトサイダー的な行動をとった人という言い方ができます。櫻井翔も「俺は個人的には昔っから〝じゃない方、じゃない方〟へ行くのが好きだったから」[*12]と振り返ります。

集団の中の多数派と違うことをするのは勇気のいる行為かもしれません。しかし、自分にとって何が必要かを考え抜いた上で、集団での行動に自分なりのアレンジを加えることは、そこで能力が高まれば、結果的に自分のためであり、集団のためにもなるのです。

櫻井も岡本もジュニア入りからデビューまで約4年の歳月がかかっていることから、集団の原理で動かないことで、最短距離のルートからは外れたのかもしれません。しかし、それがたとえ迂回路でも、そこを切り開くことで、そこは結果的に自分だけの道になっていくのです。

Ⅵ　〝与えられたこと〟がないときこそ日常を疎かにしない（伊野尾慧、丸山隆平）

ここまで〝与えられたこと〟か、〝やりたいこと〟か、といった軸で話を進めてきましたが、そもそもこんなパターンもあるはずです。

「デビューしてから7年半ぐらいほとんど個人の仕事がなくて」と振り返る伊野尾慧に、本文では触れられませんでしたが、デビュー後も「週休4日」[*13]だったと笑う、関ジャニ∞の丸山隆平。

〝与えられたこと〟が多ければ、そこに邁進することで道が開かれるかもしれませんが、それさえもない。なかなか苦しい状況です。ただ、2人のそんな時代の過ごし方から見えるのは、現状に投げやりにならず丁寧に日々を過ごすこと、焦らずパワーを溜めることの重要性です。

丸山隆平は、仕事の多くない時期に、夏はカレー、冬はビーフシチューを煮込むような日々を送りながらも[*14]、自分よりも活躍する関ジャニ∞のメンバーと一緒にいることで、おいていかれてしまうことへの焦燥感が募ります。「『さぼってたらこの場所にいられなくなる』という危機感がモチベーションになって[*15]」日々の過ごし方が変わっていったのです。

一方の伊野尾は、大学で時間を過ごすことに重きをおいていました。その時期に大学の研究室の活動として、被災地の仮設住宅に話を聞きにいったり、何度もアンケートをとっていた経験が、その後の『めざましテレビ』でのインタビューなどの仕事に役立ったと振り返っています。

「点が重なるところが、きっと個性になる」[*16]という論を、伊野尾は展開します。

「関係ないと思っていたいくつもの点が、次第に大きくなって重なる分ができていく。その重なりが、その人の個性であったり、強みであったりするのかなって。だから、いろんな点をたくさん打つのが大事で、得意、不得意はもちろんあると思うし、中には消してしまいたいと思う点もあるかもしれない。でも、それすらいつか何かの役に立つ可能性だってあるんだなって」[*16]

この伊野尾の語る、「関係ないと思って打った点が大きくなって、重なった部分が個性である」という考え方は、非常に重要なので、少し詳しく解説します。

近いことを、NEWSの手越祐也も言っています。

「俺、〝～だから〟より〝～なのに〟が好きで。（中略）〝だから〟は誰でもできるけど、〝なのに〟は限られた人にしかできないでしょ？」[*17]

この〝なのに〟を、櫻井翔の例で考えてみます。櫻井翔は人生において、まず慶応幼稚舎に進学するという点を打ちます。そしてもうひとつ、ジャニーズJr.入りという点を打ちます。それぞれが大きくなっていき、ついには「慶応大学卒業」「ジャニーズとしてCDデビュー」という2つの大きな円になります。

この2つの円が重なる部分を考えてみましょう。この重なった部分が「慶応大学卒業のジャニーズタレント」という唯一無二の個性になっているのです。それぞれの円に属する人は多くいて、競争が激しくても、関係のないように見える円を2つ重ねることによって、一気にライバルがいなくなる。つまり、稀少価値を高めることができるのです。それは代替不能な個性であり、他の多くの人には出せない価値を生み出せる場所。ひとつでは強みになりづらくても、掛け合わせることで大きな強みになる、魔法のような場所なのです。

この集合部分が、一般的には〝～なのに〟と言われる部分となります。櫻井で言えば活動初期に言われることの多かった「慶応なのにジャニーズ」にあたる部分です。さらに、その後の櫻井は「慶応」「ジャニーズ」という円だけではなく「ニュースキャスター」といった円まで増やし、自分だけの場所を作り上げています。

このように点を打ち、それを円に広げ、重なる〝～なのに〟の部分を作ることが、誰にも取って代わられることのない個性であり強みとなっていくのです。他にも「ジャニーズなのに小説家」（ＮＥＷＳ加藤シゲアキ）、「ジャニーズなのに少女マンガ家」（Ｋｉｎｇ＆Ｐｒｉｎｃｅ髙橋海人）、「ジャニーズなのにヲタ芸ができる」（Ｋｉｓ－Ｍｙ－Ｆｔ２宮田俊哉）といったパターンの後輩も。

櫻井がそうであったように、それぞれの円の中では疎外感を感じることもありますが、その円を大きくしてできた他の円との重なりは、希少性が高く、一朝一夕にはライバルに奪われることのない、不可侵のものとなるのです。言い方を変えれば、その集団の中で「自分が浮いている」という感覚を持っているということは、自分だけの〝～なのに〟が生まれる前夜であるということなのかもしれません。

さて、伊野尾の話に戻ります。「Ⅵ　〝与えられたこと〟がない」タイプの伊野尾の考えをまとめると、こうなります。

人生において、たくさんの点を打つ。その点が、いつか重なっていく。だから、動くことをやめないことが大事。そのときは、「このために役に立つからやる」という明確な理由は見えてこないかもしれないけれど、それでも、点を打つ。

しかし、よくよく考えてみるとこのスタンス、仕事かどうかという違いさえあれど、「Ⅰ　与えられたことを全力でやり続ける」と、〝目の前にあることに全力をつくす〟という点でそう変わりはないのではないでしょうか？

Ⅰの人たちは、与えられた仕事に全力を尽くしていたら、成果が出て、道が拓けていったタイプの人。Ⅵの人は、目の前に与えられた仕事がなかったので、とりあえず日常を一生懸命に生きた。そうしたら結果的に、その日々が仕事に活きてきた、というタイプの人です。

つまり、両者ともに、視点は今を向いています。「今、目の前にあることに全力を」タイプの人たちなのです。

Ⅶ　未来図を描いて、今の行動を決める（中居正広、木村拓哉）

一方で、自己啓発書やビジネス書の多くは、未来を描くことをよく提案しています。10年後のなりたい自分を想像し、そこから今すべきことを逆算する。「点が結果的につながった」のではなく、到達点を見据えて意識的に、そこまでの道のりに点を打っていくべき……と説かれています。

ここまで見てきた「与えられてきたこと」「やりたいこと」といった概念は、どちらかというと「今目の前にあること」を想定しています。しかし、より長いスパンで「やりたいこと」を捉えているジャニーズもいました。言い換えれば、「未来図」を描いていた人。未来から逆算して、〝今〟を決めていったのが、中居正広と木村拓哉です。

『ロングバケーション』での大ブレイクから3年前、ドラマ『あすなろ白書』では、男一番手役のオファーを断った木村拓哉。それは、自分の未来のイメージがしっかりとできあがっていたから、でした。その未来に向かう道の上にない仕事は、魅力的な仕事でも断わる。未来から逆算して、現在の行動を決める、未来志向の人、と言うことができます。

「V　〝与えられたこと〟に懐疑的な視点を持つことが自分の希少性を高める」も、このタイプに近いですが、「結果的に」功を奏した人に比べ、木村拓哉はより自分の未来像に意識的なタイプと言えるでしょう。プロデューサーからのオファーを断っていることが象徴的ですが、自分のプロデューサーは自分なのです。最も自分のことを考えている自分が、自分に指示を出して自分を動かしているイメージです。木村拓哉自身もこう語っています。

「自分をつくってるのは自分。並べて売るのは事務所かもしれないけど、あくまでも、自分が自分の生産者。だから、ヘタな生産はしたくない[*18]」

中居正広も10代の頃から、バラエティのMCを務めるという目標を持って、行動をしてきました。そこから大きな目標を見据えることで、日々の行動を細かく変えていったのです。結果、史上最年少での紅白歌合戦の司会者にまでなり、MCとしては最高の到達点といっていい位置まで登りつめます。

特筆すべきは、中居の場合、この目標自体が、SMAPというチームに足りないものを考えたことで生まれているということです。それどころか中居は、話すことに苦手意識すらあったといいます。

目標が得意なことの延長線上になくても、目標から逆算し、やるべきことをはっきりさせる。そうすれば、その目標までたどり着けるといういい例でしょう。

自分が喋れるようになることが「いつか新しいアイドルの形になるのでは」と予感していた中居。周りを見渡し、周到に考えた上で自分の目標を決めるこのタイプは、時代にハマる可能性も高まってきます。自分の〝やりたいこと〟を好き勝手にやっていたら、結果的に売れたのではなく、時代が欲するものや自分の属するチームに足りないものを考え、そこにハマる理想像に自分を近づけていったのです。

もちろん、〝与えられたこと〟を全面的に拒否していたわけではないでしょう。SMAPが売れる前の時期のことを振り返り、こう考えていたことを語っています。

「言われたことをやるんじゃなく、自分たちから考えてやろう、自分たち流にアレンジして、5要求されたら10にして返そうって思ったんだ」[*19]

〝与えられたこと〟に対しても、自分の頭で考えてアレンジし、相手の想像を越えるアウトプットを叩き出す。

「みんなと同じでなくていい、ときに敵をつくる勇気も持たないと、本当の個性は磨かれないと思っています」[*20]

強い覚悟で磨き続けた〝本当の個性〟と、時代の求めているものとが融合されたとき、SMAPのような新たな時代を作りだすアイドルが生まれるのかもしれません。

「未完成」を「可能性」に変えるもの

第1部では、16人が努力によって特別になっていく過程を見てきました。

この章の最後に、あらためて未完成時代を可能性に変えるために必要なのは何なのかを考えていきたいと思います。

多くのジャニーズを見てきましたが、誰ひとりとして「自分は完成した」「天才型である」といった類の発言をしている人はいませんでした。

むしろ「自分は足りない」といった自覚をしている人も多く、その傾向が特に顕著なのが、岡田准一と亀梨和也でした。

亀梨和也は、スタートの時点で、自分が劣っている認識があったと振り返ります。

「いろんな人たちを見てきたから、基本的に自分が特別な能力や才能に恵まれているとは思っていないんだよね。デビュー前はJr.やKAT‐TUNの中でも、『オレって、容姿も能力も劣っているな』って冷静に認識していた。自分を卑下しているわけじゃないけれど、何に関しても〝オレはみんなに負けている〟と思うところからスタートしている。だから、心も身体も日々、鍛えることは当たり前になっている」[*21]

岡田准一に至っては、大河ドラマの主演も経験し、映画俳優としての評価も確立した36歳の時点でも「自分はまだ、自分のことを認めていないんです。（中略）先輩たちはもっとすごかった」[*22]と語り、「謙虚」と言われるとそれを否定し、こう語ります。

「この仕事をしていると、天才と言われる人にたくさん会うので、自分は決してそうじゃないと若い頃に知ってしまっただけ。（中略）うち（V6）の森田剛くんも天才の部類に入ると思います。天才に会うと、一度は絶望する、自分に」[*12]

そして、その絶望が、1日3本の映画鑑賞、読書生活や乗馬クラブ通いに導いたと述懐します。その岡田自身も「天才ではないのか？」と聞かれるとこう強く否定します。「全然！　自分でこう言うのもおこがましいですけど〝努力の人〟だと思っています」[*23]

2人に共通するのは「未完成であるという自覚」です。その自覚が、その不足分を埋めるための努力を促す。それを踏まえると「劣っている」という自覚があることは、成長する上での大きなチャンスだと言えます。重要なのは、「本当に劣っているか」ではなく、「どう自分を自覚しているか」です。

さらに言えば、「理想像の高さ」と、「自己評価の低さ」の差が大きければ大きいほど、人は努力できるようになるのではないでしょうか。憧れ、天才だと思えるような対象が近くにたくさんいたことは2人にとって幸運で、そのことで高い理想像が生まれます。

しかし、目標にできるような対象を設定できても、自分と近い存在と見るか、遠い存在と見るかで、どれくらい自分の努力の材料にできるかが違ってきます。それを分けるのが、自己評価の位置です。

自己評価が高い位置にあると、理想像との距離を近く感じて、自分が走るべき道のりを短く感じてしまいます。一方で、自己評価が低いと、彼らとの差をより大きく感じることになります。そうすると、努力のスタート地点をゴールからより遠い場所に設定できるのです。

目標地点が１００点だとすると、自分のことを80点だと思っている人は20点分しか走ろうとしないけれど、自分のことを40点だと思っている人は60点分を走ろうとします。自分が思う天才との差を〝走らなければいけない距離〟と認識するのです。その人が仮に本当は40点ではなかった場合、気づいたら１００点を越えていた、ということもありうるでしょう。

自己評価の低い人には、〝長く走る理由〟ができるのです。

もちろん同時に、できるだけ高いところに理想像をおけば、その距離はどんどんと長くなっていくことになります。その高さまでたどりつきたいという意志が努力を促し、高いところに登ろうとすればするほど、自分に脚力がついていきます。

自己評価の低さと、目標の高さの差。その差が、人が「頑張りたい」と思える道のり、すなわち〝努力できる理由〟になるのです。

「自分はすごい」と思えなかったら、それはまだ前に進める証拠です。

未完成であることは可能性。そして、その可能性をさらに増やすのが、「未完成であるという自覚」なのです。

あえてわかりやすく〝未完成時代〟と定義してしまいましたが、本当は〝完成時代〟などありません。自分を未完成だと思い続けることで、耕せる場所を探し、自身の可能性を広げ続け、自分の理想郷を自らの手で作っていく――。

〝未完成時代〟はずっと続く。いや、終わらせないことで、成長し続けられるのです。本書で紹介したジャニーズたちの人生は、そのことを教えてくれます。

様々なことにおいて発言の方向性が重ならないＫｉｎＫｉ Ｋｉｄｓの２人が、このことに関しては似た発言をしているので、それを紹介して第１部を終えたいと思います。

「自分はここまでって決めつけちゃダメだし、本当はもっと行けるはず、って思わないと」[*24]（堂本剛）

「常に『未完成』でありたいですね。言葉を替えると、未完成だからこそ、明日に向かってチャレンジができる」[*25]（堂本光一）

第2部　ジャニー喜多川論　育てる力

ジャニー喜多川 *Johnny Kitagawa*

「どの子だって、人間の美しさはあるんですよ[*1]」

じゃにー・きたがわ：1931年、アメリカ・ロサンゼルス生まれ。太平洋戦争時に、父の故郷である和歌山で空襲を経験。終戦後はロサンゼルスに戻り、1950年頃から、現地で行われる美空ひばりらの米国公演時の通訳やブロマイド販売などを手伝い、ショービジネスを学ぶ。朝鮮戦争には米軍の一員として派遣される。『ウェストサイドストーリー』に衝撃を受け、1962年にジャニーズ事務所を創業。2012年には「最も多くのショーをプロデュースした」などプロデューサーとしての3つのギネス世界記録を認定された。2019年7月9日逝去。

第1部では、16人のジャニーズたち、各々の努力を見てきました。第2部では、彼らを育てたジャニー喜多川という人物と、ジャニーズという集団について見ていきます。特に、ジャニー喜多川とジャニーズJr.たちの関係を見ていくと、育成者としてのジャニー喜多川の偉大さと、彼が作った人を成長させる仕組みの強さが見えてきます。第１部で見た「未完成である自覚」をタレントたちが持ち続けられたのも、指導者や環境が促した側面も大きいはず。貴重なジャニー喜多川本人のコメントと、多くのジャニーズタレントたちの語るエピソードから、日本芸能史最大の偉人の「育てる力」を紐解いていきましょう。

日本で最も優秀な採用担当者

ジャニー喜多川が優れているのは、とにかくまずは〝人を見抜く目〟でしょう。１９６２年の創業から、半世紀以上にわたる繁栄の基礎となっているのが、ジャニー喜多川の〝人を見抜く能力〟です。

例えば、『金田一少年の事件簿』や『暗殺教室』など、今や多くのドラマや映画の主演を飾るＨｅｙ！Ｓａｙ！ＪＵＭＰの山田涼介。オーディション当時は、まだ、まあるい顔のかわいい素朴な小学生の男の子でした。正直ここまでのスター性を持った青年になるということは、なかなか気づくことができないでしょう。

他にも、Ｖ６の岡田准一が、オーディションで初めてテレビに出た時は、文字通りほっぺの赤い男の子でしたし、KAT－TUNの上田竜也は、ジュニアの時期には、ファンからすらも「サル」というあだ名をつけられていた……といった〝スタート時点〟の彼らは、その時点ではスターとは形容しづらい存在でした。

しかし、ジャニー喜多川は、そんな彼らを選び、スターにしていきました。いわばジャニー喜多川は、「日本一優秀な採用担当者」でもあるのです。

その最大の理由は、〝未来を見通すことができるから〟。超能力のような表現ですが、芸能界でも一般企業でも、採用する側に最も必要な能力は、この未来を見通す能力である、というところは同じです。

なぜ未来を見通す能力が必要なのか。企業の採用担当者などがよく語る、人を選ぶ難しさは、その人物が〝今どうなのか〟だけではなく〝今後どうなるのか〟を見抜かねばならない点です。

現時点のその人との面接で、5年後、10年後のその人を予想して採用することが求められます。

「5年後、思ったほど成長しなかった」とか、「もっと伸びる人物だと思ってたけど、そうでもなかった」なんて、予想が外れることはよくある話です。

もちろん他人の未来の姿なんて、そう簡単に予想できるものではありません。さらにジャニーズの場合は、そこに、「成長期の男子のルックス」という極めて不確定な要素が加わります。しかし、ジャニー喜多川の目は確か。山下智久は彼がこう言っているのを聞いたことがあるといいます。

「僕には20年後の顔が見えるんだよ[*2]」

将来の変化を、見通しているジャニー喜多川。傍から見たら、普通の男の子に見える少年たちでも、自らの目で未来を予想し、選抜をしています。

ジャニーとドラッカーの共通点

いったい、ジャニー喜多川はジュニアを選ぶ時、はたまたジュニアからデビューするグループのメンバーを選ぶ時、どんなところを見ているのでしょう。ジュニアのオーディションでは、ダンス審査があるので、ダンスの技術を見ていると思いきや、どうやらそうではないようです。ジャニー喜多川はジュニアの選抜基準を自身でこう語っています。

「踊りのうまい下手は関係ない。うまく踊れるなら、レッスンに出る必要がないでしょう。それよりも、人間性。やる気があって、人間的にすばらしければ、誰でもいいんです[*3]」

天下のジャニーズ事務所の選抜基準が〝やる気〟と〝人間的にすばらしい〟だけで、「誰でもいい」とは驚きです。一般企業では、採用基準に「コミュニケーション能力が高く、創造性があり……」などと細かく条件をつけるところもある中で、これは一見、曖昧な基準にも思えます。しかし実は、こうしたジャニーの選抜基準と「経営の神様」と呼ばれるドラッカーの説く組織論は驚くほど一致するのです。

ドラッカーはその著書『マネジメント』で、「人事に関わる決定は、真摯さこそ唯一絶対の条件」といい、「真摯さを絶対視して初めてまともな組織といえる」とまで言っています。これはまさにジャニー喜多川の言う「人間的にすばらしい」と同じで、それがあれば「誰でもいい」というのも、真摯さの絶対視に他ならないでしょう。

さらに、ドラッカーは「組織の目的は、凡人をして非凡なことを行わせることにある」と言っており、ここまでくると、普通の少年たちをスターにして〝特別なこと〟を成し遂げさせてきた、ジャニーズ事務所のために作られた言葉なのではないか、と思うほどです。

ジャニー流人間性の見抜き方

ジャニー喜多川の言う「人間性とやる気」は、実際の現場ではどう判断されているのでしょうか。まずは、ジュニアの選抜の段階。そのオーディションでは、主に人間性をジャッジしているようです。

1990年代半ばには、1ヶ月に約1万通は送られてきていたという履歴書を、ジャニーは自らの手で見るといいます。[*4]

「夜にパッパパッパッだけど、送られてきた履歴書は全部、自分で開けて、自分で見ます。これだけは何十年やっているけど、人の手を借りたことはない」[*2]

そして、オーディションは基本的に突然開催されます。

「スケジュールが空いた時、時間がもったいないからオーディションをやろうと、急にやるんです。突然速達で報せが行くから、受ける方も大変じゃないかな」[*3]

突然、ということは、受ける側もオーディションを受ける予定を最優先しなければいけないということ。オーディションのみならず、ジュニアには突然の「YOU来ちゃいなよ」はよくあることで、それに対応できるかどうかで、〝やる気〟を判別しているのかもしれません。
そして、オーディション本番。ジャニーは最初から自分がジャニー喜多川である、と名乗ることをしません。開始前に自分ひとりで椅子を並べていたり、ジュースを配ったりすることもあるといいます。
「オーディションに来た子は、ボクのこと知らない。『ダサいかっこうして、なんだ、あのおやじ』と思ってる。子どもたちは『いつになったらオーディションやるんだよ』と。『じゃあ、これからオーディションやります』と言うと『えー』って感じ。ジャニーとわかって急に『はい、そうです』。こういう裏表のあるのはだめですよ、子どもだから特に。あとで機嫌とりにきたりする子もいますが、何を考えているのか」[4]
重要なのは、人を見て態度を変えないこと。例えば、後にＴＯＫＩＯのメンバーとなる松岡昌宏。オーディション当時11歳の彼は、ふてぶてしいほどにリラックスしていたといいます。しかし松岡は、他の子たちが目の前にいる大人がジャニー喜多川だと気づいた瞬間に、姿勢を正したりする中、態度を全く変えませんでした。それを、ジャニー喜多川は見逃さなかったのです。[2]
「人を見て、態度を変えるような子は駄目なんです。どこにいても子供は自然じゃなきやいけない」[*2]

このように、まずはジュニアの選抜の段階で、やる気と人間性をジャッジしているのです。

SMAPになれなかった人、V6になれなかった人

ジュニアになってからも、〃やる気〃を常に見られています。例えば、櫻井翔の項目でも紹介したような、試験のために少しレッスンを休んでいると、戻ってきたときには立ち位置が後ろに下げられていた、というのはよくある話です。

そのやる気は、デビューできるかどうか、という重要な局面にも関わってきます。

ジュニア時代が長かった、V6の長野博のエピソードです。ある日、ジュニアだった長野のもとに、ジャニーから「スケートボードできない?」と電話がかかってきます。長野は、スケートボードの経験はなかったため、「できない」と答え、電話を切ります。しかし、それから間もなくして、またジャニーから電話がかかってきて、再び聞かれます。

「スケートボードできない?」

「だからできないよ！」と長野が答えると「ああ、そう」と言い、ジャニーは電話を切りました。長野は、なんで二度電話がかかってきたのだろう、ジャニーさんはボケたのかな、と疑問に思っていたといいます。[*5]

しかし、ジャニーは決してボケていたわけではありません。このときに作ったのが、「スケートボーイズ」。ＳＭＡＰの前身となるグループです。

もちろんこのグループ、もともとスケートボードが抜群にできる少年たちの集まりではありません。そう、長野への電話は、その時点でスケートボードができるかどうかを聞いたものではなかったのです。経験がなければ、できないのは当たり前。

質問は「できない？」でしたが、確認したかったのは〝今、できるかどうか〟ではなく、〝やる気はあるか〟ということ。それを確かめるために、「できない」と言っている長野に、二度も確認したのです。

こうして長野はスケートボーイズ入り、という大きなチャンスを逃します。しかし、数年後、もう一度、チャンスはやってくるのです。[*5]

「バレーやらない？」

こうして、ワールドカップ・バレーボールのイメージキャラクターとして結成されたのが、V6です。V6のVは、バレーボールのV。その後ワールドカップに合わせて新しいジャニーズのグループが結成されてCDデビューするのが恒例となりましたが、V6はその初代。

当時のジュニアたちも、バレーをすることが、まさかCDデビューにつながるとは思っていなかったのでしょう。しかしこのときは、長野はきちんと手を挙げ、晴れてデビューを果たします。ちなみにこのV6のメンバー選抜時も、やる気のない人間をメンバーから外したことを、ジャニーは証言しています。

「V6もそうです。『バレーやらない？』と声をかけて手をあげた人。キャリアがあってメンバーに入れたい子に声をかけたら『バレーなんかやってどうするの？』。やる気がない人を無理にひっぱってもしょうがないでしょ。あとで『なんで僕を入れなかった』って。あれだけ確認したのに、『君がそんなことやりたくないって、言ったでしょ』。そういうのが三人いた[*4]」

やはりデビューにおいても、ジャニーの選抜基準はやる気。すなわち「できる／できない」ではなく「やるか／やらないか」だったのです。

「頑張るのは当たり前」

ジャニー喜多川が重視するのは、「やる気と人間性」である。そのことが読み取れるエピソードを紹介します。

堂本剛は、ジャニー喜多川に、怒られたことが一度だけあるといいます。それは、先輩のコンサートにジュニアとして登場し、ステージ上でコメントを求められた時のこと。「元気に頑張ります！」と言う剛。特に珍しくない、多くのアイドルが言うであろう定型的なコメントです。しかしその後、ステージ裏にジャニー喜多川がやってきて、剛を怒ったのです。

「頑張るのは当たり前だよ！」

その時、幼い剛の中に「そうか、頑張るのは当たり前なのか」という印象が強烈に残ったのだといいます。それから、後にも先にも、ジャニー喜多川が剛を怒ったことはありません。[*6]

こんなエピソードもあります。97年、ＫｉｎＫｉ Ｋｉｄｓ がＣＤデビュー直前の春のことです。デビュー前とはいえ、その年の夏にデビューすることになる２人の人気はすでに沸騰している時期でした。そんなある日、剛が歌番組の収録を終えた時のこと。

汗をびっしょりかいた剛のもとに、スタッフが大勢やってきて、うちわを持って扇ぎます。ジャニー喜多川はそれを「あ、ごめん、剛には手がある。自分でやるから」と止めたのでした。

ジャニーは「一番こわいのは、周りがちやほやしすぎること。（中略）スター扱いしてるだけのジェスチャーなんだよ。あんなの大嫌いなんだ」[*4]と語ります。人気が出ても、人間性が壊れないように意図するジャニー喜多川の配慮がうかがえます。

また、滝沢秀明の項で紹介した、ジュニアのメンバーがテレビ局の人に挨拶をしなかったときに「ユーに10あげるから1返しなさい」と怒られたと言われた[*7]のもこれに類するものでしょう。自分は、チャンスや環境を全て与える。だから、最低限、挨拶はしろ……という、この教え。

こうしたエピソードもやはり、ジャニー喜多川がやる気と人間性を重視していることを現しています。

さらにジャニー喜多川が怒るときの〝名言〟に、「YOU、もう新鮮じゃないよ！」[*8]という言葉があったと国分太一は振り返ります。

10代の頃の中居正広は、ライブでのトークの際、ひとつの話がウケると嬉しくなり、同じ話を繰り返していたそうです。するとジャニー喜多川は、「同じことを繰り返さないで。違うことを考えながら積み重ねなさい[*9]」と叱ったそうです。これもまた、「YOU、新鮮じゃないよ！」につながる教えでしょう。

褒めて伸びる人、けなして伸びる人を見分ける

ちなみに堂本剛が、人生でこの一度しかジャニー喜多川に怒られたことがなく、いつも褒められる一方で、堂本光一は「ユー、ヤバいよ」しか言われた記憶がないといいます[*10]。

育成者というと、誰にでも平等に分け隔てなく接するのが理想、と捉えられがちですが、ジャニー喜多川はそうではないのです。堂本光一はその意図をこう分析します。

「事務所のタレントに対して、〝褒めて伸びる子・けなして伸びる子〟というのもはっきり見分けているような気がします[*10]」

光一と同じく、けなされ側にいるのは、意外にも、少年隊の東山紀之です。東山はジャニーズに入った頃を振り返り、「ジャニーさんほど威圧感がなく、優しい大人にはこれまで会ったことがない」と言いながらも、「エンターテインメントを極めるという点

においては、ジャニーさんほど厳しい人もいない」と語っています。

デビュー前はよく「歌、聞いてられないよ」「ヒガシ、やばいよ」「なに、あれ？」などと言われたそうです。そのジャニーとの日々を東山はこう振り返ります。

「涙が出るほど悔しい思いを重ねながら、僕は仕事に『本腰を入れる』とはどういうことかを少しずつ知る[11]」

また、ＮＥＷＳの加藤シゲアキはライブで振付を間違えた人のことをジャニー喜多川はよく褒めていた、と語ります。

「失敗を褒めてくれるってことが、すごくいろんな自信につながっていった[12]」

このようにジャニー喜多川は、叱責したり褒めたりして、プロとしての自覚を彼らに促していくのです。

ただ、ジャニー喜多川は本人がいる前では、面と向かって叱りますが、その本人のいないところでは、悪口を言いません。逆に、別のタレントを褒めるのです。例えば、シブがき隊のところでは少年隊を褒め、少年隊のところではシブがき隊を褒め……といった具合で、闘争心に火をつけていたそうです[11]。

一方で、ジャニー喜多川がしない怒り方というのもあるようです。それが「仕事なんだからプロ意識を持ちなさい」というタイプの怒り方。これも光一の言葉を借りれば「〝仕事を仕事と思わせないこと〟がベースにあったような気がします」「仕事を楽しんでやれる環境を常に提供し、個性を決して殺さないよう、一人ひとりに種を蒔いていくイメージ[*10]」

決して、仕事だとは意識させない。きっとそれは「〝仕事だから〟やっているのではなく〝自らが楽しんで〟やっているときに、その人の才能が活かされる」という認識があるからでしょう。

自身でも自分の仕事についてこんなやり取りをしています。

「自分の好きな道を行ってるっていう実感があるだけですよ。なにしろ楽しくてね。僕はね、人生4倍生きてるような気がする。じゃなきゃ、できないでしょ。普通の人は8時間労働してるわけだけど僕は寝る間も惜しんでやっている[*13]」

そのエネルギーの源については、「とにかく好きだから。好きこそものの上手なれですよ。それしか生きる道がない[*13]」

自分のやり方を押し付けることはしないジャニー喜多川ですが、〝楽しむ〟ことだけは大切だと重ねます。

「自分のやり方を代々続けさせようとは思わない。親の気持ちで教育することは大切だけど、そんな愚直なやり方は、僕らの年代だからできること。みんな、それぞれのやり方で考えていけばいい。ただ、楽しいことが大切なんですよ」[*14]

もちろん、その楽しさを追い求める姿勢は自分たちのためだけではありません。

「作り手側が楽しく作れば、観る方たちも楽しくなるんです」[*15]

こうして、好きを原点にした、仕事だと感じずにするプロの仕事は多くの人に楽しさを伝播させていくのです。

引き出す教育「ジャニイズム」

さて選抜時には「やる気があって、人間的にすばらしければ、誰でもいい」とはいえ、長く一緒にやっていく中ではもちろん、教育も必要です。はたしてジャニー喜多川は、どういう指導をするのでしょうか——。

ＴＯＫＩＯの城島茂が「ジャニーズの養成所というのは、一般常識も含めて、いちいち教えてくれるという場所でもない」[*16]国分太一が「事務所の方針が『とにかく現場で学んでこい』『自分で発見してこい』だから」[*17]と語るように、確立された研修プログラムなどがあるわけではないようです。

ジャニーは直接何かを具体的に教えるのではなく、色々な優れたエンターテインメントを見せる、という形で指導をするようです。それも若い有望なジュニアたちをラスベガスやブロードウェイなど海外のショーやミュージカルに連れて行く、ということまでしています。

ジャニー喜多川は1931年、アメリカのカリフォルニア州ロサンゼルス生まれ。学生時代は音楽専攻で「あの頃の名作ミュージカルは120%見ているという自信がありますよ[*18]」と語るほど。自身のエンターテインメントのルーツでもある海外のショーをジュニアたちにも見せるわけですが、そのときジャニー喜多川は「ここを学べ」「ここを見ろ」といったことは言いません。それについて滝沢秀明は「それぞれの感性で学びなさいってスタンス」「〝ここがすごいんだよ〟って言ったら、みんなそこしか見なくなっちゃうから。そしたら、同じようにしか成長しないでしょ[*7]」と分析しています。

つまり、環境は与えるけれども、あとは基本は放任。それが、少年たちの感性を伸ばすのに選んだスタンスだったのです。

1980年代のはじめ、まだ一般的にビデオが普及していない時代から、合宿所には、アメリカから取り寄せられたマイケル・ジャクソンのビデオなどが膨大に置いてあり、誰でもいつでも自由に見ることができたそうです。例えば、東山紀之は、そこで食い入るようにビデオを見続け、エンターテインメントの醍醐味に気づいていきます[*11]。

ジャニーズには、事務所に入るまではスポーツにしか興味がなく、ダンスなんてやったこともなかった、という少年も多くいます。ただ、そんな彼らも、こうしてジャニー喜多川によってエンターテインメントに触れる機会を与えられることで、その魅力に気づいていくのです。少年隊の錦織一清はジャニー喜多川とのレッスンの日々を振り返りこう語ります。

「とにかく行ったら、楽しい気持ちにさせてくれるんです。そのうちにショウビジネスの世界は楽しいんだよという風に教えてくれる人なんです。この世界でやっていく欲を叩き込むのじゃなくて、引きだしてくれるんです[*2]」

こうしたジャニー喜多川の教育姿勢を、滝沢秀明は「ジャニイズム」と表現します。

「ジャニーズの場合は、ジャニーさんが、きっかけを作ってくれて、あとは自分のことは自分で磨いていくというか。だから、ジャニイズムは人の数だけある。（中略）みんなちがっていいし、だからこそバラバラな個性がグループになったらおもしろくなったりもする」[*7]

こういった教育のせいか、ジャニーズには「出る側になりたい」「目立ちたい」というよりも「エンターテインメントの世界を作りたい」と考えるタレントが多いのも特徴です。

実際に堂本光一や滝沢秀明のように、自らも演出をするようになる者もいます。また、岡田准一のように撮影やアクションまで担当したり、中島健人のように「ドラマと映画をプロデュースをしてみたい」[*19]と言ったりと、出る側として成功しても、作る側・スタッフ志向のメンバーが出てくるのは、こうしたジャニー喜多川の指導スタンスのせいなのかもしれません。ジャニー自身もこう語っています。

「僕はタレントをアーティスト、芸術家として捉えていますよ」[*18]

タレントを信頼しているジャニー喜多川は、自分の死後も彼らはやっていけると断言しています。

「うちのアーチストは自分でマネージャー業もやっているわけですよ。最初は付き人もほとんど付けない。だから、もし僕がそういう形になっても、自分たちでちゃんとマネージングできるように育てているんです[*2]」
「マネージャーなしで、自分でやれる人間ばっかりなんですよ。まだ、ボクがいるから、遠慮してるとこ、あると思う。ボクいなかったら、それこそ大活躍できるんじゃないかなあ。だから、ボクが知らん顔して消えちゃったとしても、十分できますよ[*4]」

ジャニーズ・スピリットとは

ジャニー喜多川は、よくタレントたちに無茶ぶりとも言える仕事の与え方をします。1日数回公演のコンサート、開演直前での台詞や楽曲の変更は日常茶飯事です。自身が演出する舞台のときにそれは顕著で、当日になって「今日だけ演出を変えよう」なんてこともよくあるそうです。その意図はどこにあるのでしょうか。

演者サイドからしたら困り果ててしまうような注文が多い、という堂本光一は、そのジャニーの姿勢をこう分析します。

「どだい、まだ技術も経験値もないJr.の子たちに『うまくやれ』と言っても無理なわけで。だったら代わりに若さでしか出せない猛烈なエネルギーを体験させたほうがいい。急な変更に対応するにはものすごい集中力と勢いが必要だから、するとそこに、若い子たちにしか出せないがむしゃらなエネルギーが生まれるのも事実。ジャニーさんの突飛な発言にはそういう意図もあるんだと思います[10]」

そして、山下智久は実際にジャニーにこう言われたと振り返ります。

「ジャニーズJr.のころ、本番当日に突然、やる曲が変わったり、振り付けが変わったりすることがよくあって。こっちは、てんやわんやじゃないですか（笑）。でも、後々ジャニーさんが『何でそういうことするかと言ったら、必死になっている姿が魅力的だからだよ』って言っていたんですよ。当時はそんな気持ちも知らないし、1日5、6回公演とかやってヘロヘロだから〝ふざけんな〟くらいの気持ちもあったけど（笑）、必死でもがいて頑張っている時こそ、違う色を放ったり、発光したりすることがあるんだろうなって。今はその意味も分かるし、ジャニーさんはそこまで計算していたんだなって思います[20]」

無茶振りでさえも意図的で、その効果を知り尽くしている。あえて大変な状況に追い込むことで発されるパワーを、ジャニー喜多川は見ているのです。

しかし一方で、そんなジャニー喜多川のオーダーに対応し続けたものがきちんと残っていく、というのも事実。

Sexy Zoneの佐藤勝利は15歳当時、ジャニーズ入りから2年、デビューして1年の時点で、「ジャニーズ・スピリットとは何か」と聞かれてこう答えています。

「僕たちは絶対に『できません』とは言わない。いかに応えることができるか。それがジャニーズだと思います[*21]」

「できません」と言わないことが「ジャニーズ・スピリット」というのはとても納得のいく話です。逆に言えば、残ってきたのは「できません」と言わなかった人たち、ということでもあります。これは、第1部で紹介した放送作家鈴木おさむの言葉にも通じます。「〝木村拓哉って何でもできちゃうよね〟って言う人は多いけど、何でもできちゃうように、彼は頑張っている[*22]」

また、1日2公演の舞台の本番と本番の間に変更を言い渡されても、数時間で振り付けとセリフを全部覚えるなど、代役からチャンスを摑んでいったHey!Say!JUMPの山田涼介も、ジャニーズの定義として、「チャンスに全力で応えるのは当然。何でもできて当たり前なのがジャニーズだから」というような発言をしています。

ジュニアという世界は「できません」と言った瞬間に、代わりを務める人がたくさんいる環境でもあります。その中で、無理に思えるようなことも、「できません」ではなく、〝どうやったらできるか〟を考えられる人材が育っていく。これが、木村拓哉から Hey!Say!JUMP、Sexy Zone……とキャリアに20年以上の差があっても、脈々と受け継がれているジャニーズのスピリットなのです。

ジャニーズ顔なんてない

……と、ここまで考えてきましたが、とはいえやはりルックスも重要なのではないか、という思いは拭えません。

もちろん努力ややる気が左右するのはわかりましたが、特にアイドルを目指す上で、生まれ持った顔が美しいという要素は必須なのではないか、という疑問は消えません。

そんな疑問に答えるような発言があります。

「ジャニーズ顔なんてそんなものはないんです。よく美少年を集めたみたいに言われるけど、あれは磨かれていった結果なんです。僕は根本的にみんな誰もが美少年になり得ると思ってます」*13

自分を磨いていくことで、誰もが美しくなりえるとしたら、大きな希望です。

ちなみに、ジャニーがこの話をする時に引き合いに出すのは、V6の井ノ原快彦。

「顔で選ぶんですかとよく聞かれますが、たとえば井ノ原はジャニーズ顔ですか？　彼も朝の番組でがんばっていますが、要は、本気で闘っているかどうか」[14]

タレント側である生田斗真も、ジャニーズに入る前と現在を比べて、「顔が変わったねえ」と言われることがあると発言しています。その理由について本人は、「もっとダンスが上手くなりたい」「他の人に負けたくない」といったジュニア時代に培った向上心やハングリー精神が内面の変化を促し、それが自然と顔にあらわれたのではないかと分析しています。

「人は、環境によって作られる」とはよくいいますが、ジャニーズ事務所もこれと同じなのです。環境は提供する。変わるのは自分自身。そんな変化すらも、教えるものではなく気づいてもらうものだと、ジャニー喜多川は語ります。

「皆から見られるから、自然と顔も変わるし、生活も変わるはずなんです。でも、そうしたことは教えられることではないので、自覚するしかありません」[2]

本書では努力による人の変化に着目してきました。さすがに「ルックスは生まれもって変わらないもの」という思い込みも強いかもしれません。

しかし、いい顔ですら「生まれる」のではなく、努力で「なる」ものなのです。美しさは作っていくことができる。何者でもない状態から、努力や思考、環境や出会った人……それら次第で、いくらでも変化は起きていく——。

そんなことを、多くのジャニーズタレントたちが証明してくれています。

優秀な人材ばかりの組織を作るには

ここからは、そこに属する個人に変化をもたらす、「組織としてのジャニーズ」を見ていきましょう。「アイドル作りは人間作り[*1]」が信念のジャニー喜多川は、育てることへの意識を強く持っています。

「スカウトして、ベルトコンベアに乗せて、スポット当てて、『ハイ、スターにしました』っていうようなやり方ではないんですよ。じっくりと育てていくという覚悟がなければ、決して良いタレントは育てられません[*18]」

「親御さんから信頼を受け、大事なお子さんを預かる以上、私も命をかけて自分の子のように教育しようと思ってやってきた[*14]」

この言葉の通り、一部の例外を除いてジャニーズ事務所はじっくりと人を育てていきます。事務所に入れてもすぐにデビューはさせない「ジャニーズJr.」というシステムの中で、近年ではジュニア入りからデビューまで10年以上かかるなんて人もザラにいます。

他の芸能事務所と比べると、その特徴はより際立ちます。芸能事務所の中には、他の事務所が育てたタレントを引き抜いたりして、すでに実力が備わっている人を選ぶという方針で人を採用しているところもありますが、ジャニーズは基本的にそれをしません。また、テレビなどの企画を除いては大規模な公募もおこなっていません。芸能事務所の多くが、有料の養成所を開設している中で、ジャニーズのレッスンは無料です。[*4]

タレントを育てるスタンスからして他と一線を画している、まさに「凡人をして非凡なことを行わせるように成長させていく」組織なのです。

このような独特のタレント育成方法について、国分太一はこう語っています。

「僕はジャニーさんのことを二軍の監督だと。（中略）二軍って若手がいるじゃないですか。基礎だったりとか、精神論とか、そういうものをまず二軍で学び、そして一軍でデビューすると思うんですよ。（中略）若い子、ジュニアとかをどうやって世に出すかということに命を懸けていた人だと思うんですよね[*23]」

まだ「一軍デビュー」していないジュニアたちを指導する「二軍監督」がジャニー喜多川で、何よりそれはジャニーズが自前でスターを育てる〝生え抜きの集団〟であることをよくあらわしたコメントです。

ジャニーズの競争システム

それでは、実際に内側ではどのようなことがおこなわれ、今のような優秀な人材の宝庫としてのジャニーズが成立しているのでしょうか。

いかに優秀な人材を揃えるか、というのは、どんな組織においても最重要課題ですが、端的に言えば、その手順は2つといえるでしょう。

①ブランディングにより、そもそもが優秀な人材が集まってくるようにする
②その中で競争を起こす

採用の時点でレベルの高い人々を集め、今度はそのレベルの高い者同士で切磋琢磨させ、お互いに向上してもらう。①はできる限り多くの人に集まってもらうこととも近い意味でしょう。

ジャニーズにはこの2つが揃っているのです。①のブランディングに関しては言うま

でもありません。特別な募集告知などは基本的に行わないにもかかわらず、ジャニーズタレントの活躍自体がブランディングとなり、1990年代半ばには、1ヶ月に約1万通もの履歴書が届いていたというのは前述の通りです。[*4]

次に2つめの条件である競争。この競争を、しっかりと行わせるシステムがジャニーズ事務所にはあります。その競争の様子を紹介します。

ジャニーズJr.の受けるレッスンに、芝居や歌はなく、ダンスのみ。無料ですが、参加は自由意志。かつてレッスン生は、AからEの5段階にランク分けされ、その中から晴れてAグループになれると、やっと、テレビ番組の一番後ろの列に呼ばれる、といった具合です。[*24]

もちろん、ステージに上げられてもいきなり中心でマイクを持って歌う、というわけにはいきません。例えば、先輩の後ろで踊るジュニアの中でもさらに後ろの方、テレビだったら見切れてしまってほとんど映らない場所だったり、ライブ会場だったらステージの上ではなく、お客さんと同じ目線の通路の間を走る役割だったりするのです。さらにジュニアのうちは踊るだけではなく、舞台装置のセットをしたり、先輩の命綱をつけたり、という裏方的な仕事も彼らの任務です。[*25]

そんな中で切磋琢磨し、ジュニアの中でのいいポジションを、そしてさらにその先にあるデビューを狙っていく。彼らの競争は、相当な倍率です。正式な数は公表されていませんが、400人以上はいると言われているジャニーズJr.。その中で、晴れてデビューできるのは、年に1組あるかないか。場合によっては、2、3年の間、グループがデビューしない時期もあるのです。

例えばA.B.C-Zの五関晃一は、13歳、中学1年生だった1998年に入所し、26歳になった2012年にデビューしていますから、約14年間、このジュニアの中での切磋琢磨を続けていたことになります。

成功イメージを具体的に見せる

限られた椅子を仲間と競い合いながら狙っていく、まことに厳しい世界です。同期や後輩と限られた活躍の場を奪い合うのは、大人になっても神経をすり減らす行為ですが、それを彼らは思春期からおこなっています。そして、選ばれなかった側ももちろんですが、選ばれた側だってつらいのです。

例えば、SixTONESの森本慎太郎は、小学校3年生の時にジュニアになっています。それから6年間に、主演映画やドラマも経験するというジュニアの中のエリートコースを歩んできました。しかし、彼は入所初期の頃をこう振り返ります。

「『仕事をするたびにどんどん友達がいなくなる』という気持ちでやってた気がします。現場では明るく振る舞いながら家で泣いたりしてました」[*26]

森本の場合は、事務所歴の長い先輩の活躍が多く、どんどん〝出世〟していきました。最初の6年間に、仲の良かった先輩ジュニアが、志半ばで辞めていく様子も間近で見てきたのです。きっと、妬みや嫉妬もたくさんあったことでしょう。そんな状況下で「辞めたい」と思ったこともあるといいますが、その競争の中を戦い抜いてきたのです。

こうしたジュニア間の競争を促す上で重要な役割を果たしているのが、明確に自分の位置がわかるシステムです。彼らは日々、指示されたステージ上の立ち位置で、自分が今どの位置にいるのか、どれくらい期待されているのか、ということが明確にわかってしまいます。

しかもそれが仲間はもちろん、ファンにも公開されます。これは、毎日自分の評価が出て、一般公開されるようなもの。位置が悪くなると、自分も傷つく上に、それを見た自分を応援してくれる人のことを考えて傷ついたりもする、過酷なシステムです。

Ｋｉｓ‐Ｍｙ‐Ｆｔ２の藤ヶ谷太輔は、こんなコメントをしています。[*27]

「必死に練習しても、ライブではJr.何百人の中のひとりだったり、急な変更で当日に出番を外されたりするんだよ。会場のどこにいるのかわかんない俺を探す母親を想像すると、切なくて」

しかし、そんな過酷な状況の中で、いじけたりする者はいないのでしょうか。それを聞かれたジャニーはこう答えています。

「何百人いても見たことはない。本当です。みんな輝きたいという気持ちはあるでしょう。でもそれは損得勘定ではなく動いている。ピュアなものです[*14]」

大きなプレッシャーの中でも、ジュニアたちは輝く努力をしていきます。ＮＥＷＳの手越祐也やＫｉｓ‐Ｍｙ‐Ｆｔ２の北山宏光のように、事務所が用意したジュニアのレッスンとは別に、自分でボーカル・スクールやダンス・スクールを探して通っていた、という者もいるほどです。[*24、*28]

こんなにも厳しい環境での競争を頑張れるのは、その先に、努力すればたどり着けるステージがイメージできるから、とも言えます。多くのジュニアが語るように、それがたとえ先輩のバックであっても、何万人と入る会場のステージで声援を受けながらライトを浴びることは、他では味わえない刺激で、快感を得られるようです。むしろ、普通の少年が、急にそんな舞台に立てる場を与えられて、何も高揚を感じなかったら、さすがに適性がないと言ってもいいのかもしれません。

「YOU出ちゃいなよ」

ジャニーはその効果を知ってか、「見に来ちゃいなよ」といってライブ会場に少年を呼び、観覧だと思ってその場にやってきた少年に「YOU出ちゃいなよ」と言って、そのままステージに出演させる、ということをよくやっています。

ジュニアのオーディションも受けていない少年が、応募書類を見ただけのジャニー喜多川に呼び出され、いきなりステージに立つこともあるといいますから驚きです。それは、もしかしたら成功の具体的なイメージを刷り込んでいるのかもしれません。

亀梨和也は、事務所入りの1ヶ月後にKinKi Kidsの東京ドーム公演に出演します。

「ステージからの景色を見ちゃうと『すげー』ってなる。マイクチェックでスタッフさんから『亀、ちょっとしゃべって』と言われ『あー』って自分の声が東京ドームに響くと、ここでコンサートしたいと思いました[*29]」と、具体的なイメージが夢を育んだ経験を語ります。

「近い距離で憧れるものをたくさん経験させてもらった[*29]」

その憧れの画は頭に刷り込まれ、今度は「どうやったら自分の力でその場所に立てるか」という方向に舵をとるようになるのです。

大きなスケールの舞台を与えられると、人はそのスケールに合わせようと努力します。第1部のまとめで述べた「未完成であるという自覚」が強くなった瞬間とも言えるでしょう。

嵐の相葉雅紀も「経験が自覚を促した[*30]」と語っています。「今日からユーたち、嵐ね」と言われたところで、そうそう「よし、今日から嵐だ！」なんて思えるものでもありません。アイドルの事務所に入ったからアイドルとしての自覚が芽生えるのではなく、大きな場を与えられて、アイドルとして実際の経験を積むことで「自分はアイドルなんだ」という自覚が芽生える。

重要なのは経験を積める場があるということ。そしてジャニーズが示してくれるのは、その現場は、できる限り大きい方がいいということです。

成長を促す「分不相応」

「分相応」という言葉があります。その人の身分や能力にふさわしい、という意味です。しかし、特に若い時に必要なのは、「分不相応」な環境なのではないでしょうか。いきなりステージに立たされたジュニアたちや、岡田准一、手越祐也、マリウス葉（Sexy Zone）といった、ほとんどジュニア時代を経ずにデビューを果たした人たちの成功が、それを物語っています。

自分のそれまでの立場や能力とは、分不相応な環境に放り込まれる。その中で、「自らの〝分〟に対して大きすぎる」と逃げ出さずに、その環境の中で努力することで、〝分〟自体が大きくなっていく。そうすると、新しい自〝分〟に会えるのです。

もちろん、自分の身の丈にくらべて、あまりに大きな仕事が来たら、押しつぶされてしまうかもしれません。でも、自分のできることより小さな仕事がやってくるよりも、そこには成長の可能性が潜んでいます。そこはジャニーズ・スピリット。大きなものがやってきたときに「できません」と言わないことで、その大きさに対応できる強靭な人材に育っていけるのです。分不相応な環境に身をおいたとき。それは新しい自〝分〟が生まれるチャンスなのです。

〝世界を変える大人〟の正体

ジャニーズJr.という集団について考えてきたところで、最後にもう一度、個人としての、仕事人としてのジャニー喜多川に視点を戻します。

「最も多くのコンサートをプロデュースした人物」「最も多くのNO・1シングルをプロデュースした人物」「チャート1位を獲得した歌手を最も多くプロデュースした人物」と3つの世界ギネス記録も獲得しているジャニー喜多川。

もちろん記録もすごいことではありますが、特筆すべきは、80歳を過ぎても自分が好きな少年たちと一緒に、自分が好きなことを徹底的にやり続けているその姿勢です。ジャニー喜多川は、自分の信念のもと、少年たちを育て上げ、世界に放ち、そして、成長した彼らと共に、文字通り理想の世界を創りあげています。結局、彼の成功理由はとてもシンプルで「好きなことを、好きな人とやっている」ということに尽きるのではないでしょうか。

ジャニー喜多川は、日本の芸能史を変えてきました。米国のアーティストたちと交流を深め、「日本でも芸能人がいつか、もっといい環境で活動できるようにしたいと思った」[*12]

戦後の日本には、「男性アイドル」という概念すらありませんでした。芸能人は25歳以上が当然という偏見も強い中で、ジャニー喜多川は、10代男子が歌い踊る「男性アイドル」というジャンルを創りだしていったのです。

「確かに今はアイドルと表現されてますけれどもガキタレ、ジャリタレは僕が作ったようなものですね」[*18]

それが定着し、時を経て、世間によって、〝アイドルは20代前半までのもの〟という認識が広まると、今度は40歳を過ぎても活躍するグループを創りだしました。常識を破り、新しい常識を作り出す。その自分で作った常識が、時とともに普通になってしまうと、今度はまた自分でそれを打ち破る。そこには、苦しさどころか、楽しさが伴うとも。

「常にレールを引こうという開拓精神があれば、楽しい発想は生まれます」[*15]

新しい常識を作ることは、時代を創ることでもあります。ジャニーは2017年になって、半世紀の歩みをこう振り返っています。

「僕たちが少しずつ認められることで、社会を変えてきたという意識はある。時代は追っかけるものではなく、創るもの。50年前の自分の夢を今、達成したという思いはあります」[*14]

夢を叶え、時代を創ってきた男・ジャニー喜多川。しかし、彼が〝完璧〟で〝何でもできる〟〝人格者の教師〟のような大人か、というとそうではありません。

タレントを子どもたちとするなら、ジャニー喜多川は教師というよりも、「子どもたちの中のリーダー」といった立ち位置です。ハンバーガーを買って来てあげたり、タレントにタメ語で喋りかけられたり、仲間のように接しながら、自分が面白そうと思ったことを彼らの先頭に立ってやっていく。彼らを引っ張りはするものの、強制はしません。

何でもできる完璧人間か、というとそうでもなく、ビジネス面は全て姉のメリー喜多川に任せています。ジャニー喜多川はメリー喜多川を「僕に好き勝手なことを自由にやらせてくれる良き理解者、偉大なる人物」[*18]と語り、「ビジネス面とプロデュース面とをはっきり分けて考えています」[*18]と、自分は舞台の演出やタレントの育成といった、好きなことに集中し、そこにパワーを注いでいるのです。

ジャニー喜多川は、好きな人と、好きなことをやり続けることを半世紀にわたってし続けられている人。もっと言えば、自分が好きなことに没頭できる仕組みを、自ら作り上げた人なのです。それは、メリー喜多川という右腕のお陰で「台所が火の車でも、僕は一切知らされることなく仕事を進められる」[*18]ほど。

もちろん、ずっと順風満帆だったわけではありません。手塩にかけて育てた郷ひろみの移籍の際には「人間の信頼がどこにあるのか」と悩み、十二指腸潰瘍になり命を落としかけたといいます。[*2]

その後、1970年代の一時期、事務所は低迷します。しかし、その低迷期を突き抜けた後は、強大なパワーをもちます。1980年代には、たのきんトリオ、シブがき隊、少年隊、そして90年代のSMAP、TOKIO、KinKi Kids……ジャニーズJr.の黄金期を経て、デビューをしているグループ数も過去最大に。盤石な現在に至るのです。現実を一旦受け入れた後に、そこで屈しなかったことで、現実を変えるパワーを持ったのです。

父親から学んだという、こんな執着しない考え方も象徴的です。

「幼いころから、お金をとられても、とる側になるよりずっといいと、教えられてきた。だから、僕は何かをもって行かれても幸せだ、と思っているんです」[*14]

大人は子どもには戻れない――

そして、今のジャニー喜多川は、子どもの頃に夢見た世界を実現しています。子どもの頃に育ったアメリカで見て憧れたショービジネスの世界を、自分の力で現実にしたのです。

彼の創りだす夢とロマンティシズムに溢れた世界や、普段の言動などに対し、「子どものような人」と形容する人は多くいます。ただ舞台演出の際には「簡単に理解されるようなものを作っちゃだめだ」「普通じゃないものを作りなさい」と助言するジャニー喜多川にとっては、それも本望なのかもしれません。

ジャニー喜多川は、その「子どもの感性」を保ったままで居続けます。

舞台としての初演が1969年、作・企画・構成・演出を手がけ、半世紀を経た2019年にはジャニー喜多川が製作総指揮を務める形で映画化された『少年たち』のラストには以下のようなメッセージがスクリーンに映し出されます。

「子どもは大人になれるけど、大人は決して子どもには戻れない。だからこの想いを、時計を止めて……」

また、この言葉は、ジャニーが作・演出を務める舞台『JOHNNYS' World -ジャニーズ・ワールド-』シリーズ等でも頻繁に登場するため、ジャニーの中での重要なメッセージなのでしょう。

ジャニー喜多川はおそらく、意識的に自らの〝時計を止めている〟大人なのではないでしょうか。「大人は子どもには戻れない」ことに強い自覚があり、また子どもの感性の瑞々しさを知っているからこそ、それを失わないようにしている。

少年隊の錦織一清はジャニーのことをこう形容します。

「本当に子供の見方になってくれる大人」[*3]と。

そして、堂本剛は初めて出会った日のことをこう振り返ります。

「僕が初めてジャニーさんに会ったときに感じたのが『こんなにも純粋な目の大人っているんだ』でした。（中略）しかも目だけだと思ったら、内面もめっちゃ少年だった（笑）。『自分であること』を諦めなければ、僕もこんな大人になれるのかなって思ったんです」[*31]

時代は変えるけれど、自分は変わらない。

変わりゆく時代の中で、変わらずに居続けること。

努力によって成長はするけれど、大事な部分は変わらないで居続ける。

重なりゆく時間の中で、大事な自分の想いは時を止める。

それは、麻痺せずに、自分であり続けること。

ジャニーズ事務所という時代を創った集団は、ジャニー喜多川を筆頭にした「自分であること」を諦めなかった人たち、だったのです。

おわりに

2004年の夏の日。18歳のときにジャニーズJr.のオーディションを受け、「待っていてください」と言われた「はじめに」の話の続きを、少しだけさせてください。

ジャニーさんから電話がかかってきて呼ばれ、その日に「YOUやっちゃいなよ」とステージに上げられることもあるらしい……受験者同士で交わした話が頭から離れず、僕は友人からの旅行の誘いを断り、大学1年生の夏休みを家に引きこもって過ごしました。電話は、かかってきませんでした。

就職活動の時期を迎えても、「ジャニーズに一番近づける職業は何か」と考え、各テレビ局のアナウンサー試験を受験。留年までして挑戦しましたが、合格するには至りませんでした。しかし、「転がってでも掴みに行く」精神で、最終面接までいった経験を書籍にして出版しました。2009年のことです。

「ジャニーズという世界に憧れたら、ジャニーズにはなれなかったけど、少しだけ人生が拓(ひら)けた」そんな感覚を得て、本書の企画を考えました。多くの出版社に断られ、その間に改稿を続け、気づけば10年が経っていました。あとがき以外の原稿を完成させ、いざ出版……という折に、ジャニー喜多川さんの訃報が届きました。

今、この文章を書いている間も、テレビはジャニー喜多川さんの功績や人柄を伝えています。死によって、その意思がより明確に見えてくるようです。ヴェールに包まれていた存在の輪郭が少しずつ明らかになっていき、ジャニー喜多川という存在が普遍化されていくのを感じています。そして本書もその一助になるはず、と信じています。

Ｋｉｓ－Ｍｙ－Ｆｔ２の北山宏光の追悼コメントです。

「何者でもなかった少年が、少しだけ誰かのために生きていけるのは、ジャニーさんのおかげです。ジャニーさんの意思は死なない。繋がっていきます！」

このコメントを読んだ瞬間、僕は号泣しました。同い年の北山の言葉に、ジャニーズという世界の本質と、10年間追い求めてきたものの全てが詰まっている気がしたのです。

10年前に書いた企画書には、『普通の人が特別になる方法～ジャニーズ式努力の習慣～』という仮タイトルがついています。「特別な人になるには、何者かになるには、どうすればいい？」。その答えをジャニーズの中に、僕自身が見出そうとしていました。

しかし、この北山のコメントを見て気づきました。「少しだけ、誰かのために生きていけるということ」それだけで、もう〝何者か〟なのではないかと。その萌芽の瞬間に、人は「もともと特別なオンリーワン」と言えるのではないか、と。

それは「大人になること」と同義のようにも思えます。「大人になるってどういうこと?」「大人の決めたやり方それが正解なの?」と問い掛け続けてきたジャニーズの世界。「自分より誰かを大事に思う」なんてキレイゴトじゃなくていい。「少しだけ誰かのために生きられれば、もう大人なんだ」と。「大人とは?」という問いに、タレント自身が成長することで、優しい回答を体現してくれているように思えます。

そして、ジャニーズになれなかった僕は、〝なりたいものになれた人〟こそが特別な人なのだと思っていました。しかし例えば第1部で取り上げた16人を見ても、きっかけは家族や友人の応募など、最初は流れでジャニーズになった人が大半でした。

人生のヒントは、〝なれなかったもの〟の中にこそ、詰まっている。僕のなりたかった〝ジャニーズ〟は、彼らにとって〝なりたかった〟ものではない。自分の夢を、他の誰かが叶えることで、この世界は成り立っている——オーディションから15年が経って、そう思うに至りました。

北山は「意思は死なない。繋がっていきます!」とも書いています。

人を育てるということは、自分の〝精神の分身〟を作るということ。

表現をするということは、自分の中で生まれたものが、他人を変え、世界を変える可能性を持つということ。

ジャニーズ・タレントというジャニー喜多川さんの〝精神の分身〟は、これからも世界を変え続けていくでしょう。ジャニー喜多川さんの〝ジョー〟は、まだまだ続く。

〝いつか〟「YOUやっちゃいなよ」と言われる日が自分にも来る。そう思っていたら、その声の主が天国に行ってしまい、〝いつも〟「YOUやっちゃいなよ」と言われている気がします。おかげで「未完成であるという自覚」を持ち続けられます。

人が死ぬということは、その人の持っていたパワーが、直接出会った誰かにだけではなく、世界中に降り注ぐことになる、ということなのかもしれません。

ジャニーズという、こんなにも素晴らしく、こんなにもなりたかった〝なれなかったもの〟があって、めちゃめちゃラッキーです。

ジャニーさん、まだまだ僕は、「待っています」。

2019年7月16日　霜田明寛

【引用・出典一覧】

［第１部　努力の16人］

――１．中居正広

＊１：「ＴＨＥ21」２００８年12月号
＊２：「ＰＨＰスペシャル」２００９年１月号
＊３：「ＡＥＲＡ」２０１３年９月16日号
＊４：「ＡＥＲＡ」１９９７年３月24日号
＊５：「コスモポリタン」１９９５年７月号
＊６：「クイック・ジャパン」２０１４年４月号
＊７：「週刊ＳＰＡ！」２０１３年９月17・24日合併号
＊８：「週刊ＳＰＡ！」２０１４年７月22・29日合併号
＊９：「ポポロ」２００６年８月号
＊10：「ザテレビジョン」２０１３年９月13日号
＊11：ニッポン放送『Some girl' SMAP』２０１２年８月22日放送
＊12：「月刊ザテレビジョン」２０１１年８月号
＊13：「婦人公論」２０１２年４月22日号
＊14：ＮＨＫ『プロフェッショナル仕事の流儀　ＳＭＡＰスペシャル』２０１１年10月10日放送
＊15：テレビ東京『きらきらアフロＴＭ』２０１７年３月29日放送
＊16：「オリ★スタ」２０１４年11月10日号
＊17：「ザテレビジョン」２０１５年８月28日号
＊18：「ＥＳＳＥ」２０１３年10月号

―2．木村拓哉

＊1：「週刊SPA！」2014年7月22・29日合併号
＊2「Invitation」2006年12月号
＊3：「ダ・ヴィンチ」2017年4月号
＊4：『TAKUYA KIMURA × MEN'S NON-NO ENDLESS』（2011年9月、集英社）
＊5：NHK『あさイチ』2017年4月21日放送
＊6：「THE21」2008年5月号
＊7：「婦人公論」2017年4月25日号
＊8：「MEKURU VOL．7」（2016年2月）

―3．長瀬智也

＊1：「zakzak」2013年11月1日
＊2：「TVガイド PERSON VOL．41」（2016年1月9日）
＊3：「日経エンタテインメント！」2016年3月号
＊4：「日経エンタテインメント！」2014年8月号
＊5：「音楽と人」2017年1月号
＊6：「音楽と人」2015年12月号

―4．国分太一

＊1：「STORY」2013年5月号
＊2：ニホンモニター「2018タレント番組出演本数ランキング」
＊3：「女性自身」2016年3月1日号

＊４：「週刊朝日」２０１３年３月29日号
＊５：「女性自身」２０１４年５月27日号
＊６：「ＭＯＲＥ」２００８年１月号
＊７：「新潮45」別冊『江原啓之編集長　ＫＯ・ＮＯ・ＹＯ』（２００７年11月）
＊８：「女性自身」２００９年４月７日号
＊９：「Ｃｏｍｏ」２０１１年４月号
＊10：「ステラ」２０１０年５月21日号
＊11：「日経エンタテインメント！」２０１４年８月号
＊12「サンデー毎日」２０１４年７月６日号
＊13：ＴＢＳ「白熱ライブ　ビビット」２０１６年11月１日放送

——５．岡田准一

＊１：岡田准一『オカダのはなし』（２０１４年１月、マガジンハウス）
＊２：「ＣＵＴ」２００５年１月号
＊３：「読売新聞」２０１１年７月10日
＊４：「ＴＶガイドＡｌｐｈａ　ＥＰＩＳＯＤＥ　Ａ」（２０１６年11月）
＊５：「ＴＶガイド　ＰＥＲＳＯＮ　ＶＯＬ．51」（２０１６年11月）
＊６：「週刊ＳＰＡ！」２０１５年８月25日号
＊７：「ＡＥＲＡ」２０１６年12月12日号
＊８：Ｊ-ＷＡＶＥ『GROWING REED』２０１２年７月２日放送
＊９：「ＣＵＴ」２００５年８月号
＊10：「婦人画報」２０１１年８月号
＊11：「日刊スポーツ」２００５年４月24日

＊12：「ピクトアップ」２０１０年12月号
＊13：「ＭＯＲＥ」２０１０年２月号
＊14：「日経エンタテインメント！」２０１０年11月号
＊15：「ピクトアップ」２０１４年２月号
＊16：「ＢＡＲＦ ＯＵＴ！」２０１６年12月号
＊17：Ｊ-ＷＡＶＥ『RADIO DONUTS』２０１７年８月26日放送
＊18：「ピクトアップ」２０１６年４月号
＊19：「週刊ＳＰＡ！」２０１６年３月22・29日合併号
＊20：「ａｎ・ａｎ」２０１５年11月18日号

――6．井ノ原快彦

＊１：「週刊朝日」２００８年11月７日号
＊２：「テレビブロス」２０１５年５月23日号
＊３：「ステラ」２０１４年４月18日号
＊４：「女性自身」２０１４年１月28日号
＊５：「ＭＯＲＥ」２０１５年６月号
＊６：「週刊朝日」２０１０年９月10日号
＊７：「日経エンタテインメント！」２００８年12月号
＊８：「婦人公論」２００４年４月22日号
＊９：「日経おとなのＯＦＦ」２０１４年６月号
＊10：「女性セブン」２０１４年８月21日・28日合併号
＊11：「ｓａｉｔａ」２０１３年10月号

【引用・出典一覧】

――7．堂本剛

＊1：「BARFOUT!」2006年7月号
＊2：『ORIGINAL COLOR』（2004年6月発売、『WAVER』収録）
＊3：「Discover Japan」2014年11月号
＊4：「日経エンタテインメント！」2018年6月号
＊5：「サンデー毎日」2017年7月23日号
＊6：「FINEBOYS」2010年5月号
＊7：堂本剛『ココロのはなし』（2014年2月、KADOKAWA）
＊8：『街』（2002年5月発売、『街／溺愛ロジック』収録）
＊9：「オリコン・ニュース」（2013年5月8日）
＊10：「音楽と人」2006年3月号
＊11：「ぴあ」2011年7月7日号
＊12：「TVガイド　PERSON　VOL．46」（2016年6月）
＊13：「an・an」2017年3月1日号
＊14：「音楽と人」2011年10月号
＊15：「音楽と人」2019年6月号
＊16：bayfm「堂本　剛とFashion & Music Book」2012年2月4日放送
＊17：「音楽と人」2016年7月号

――8．堂本光一

＊1：「婦人公論」2006年9月22日号
＊2：堂本光一『エンタテイナーの条件』（2016年2月、日経BP社）
＊3：フジテレビ『新堂本兄弟』2012年7月22日放送

＊4：「日経エンタテインメント！」2016年4月号
＊5：「週刊朝日」2017年7月21日号
＊6：「日経エンタテインメント！」2012年11月号
＊7：「週刊SPA！」2016年7月19日・26日合併号
＊8：「ポポロ」2009年4月号
＊9：「週刊朝日」2016年9月30日号

——9・**櫻井翔**

＊1：「CUT」2008年7月号
＊2：「CUT」2013年7月号
＊3：嵐『アラシゴト』（2005年7月、集英社）
＊4：「TVガイドAlpha　EPISODE A」（2016年11月）
＊5：「H」2014年3月号
＊6：「an・an」2017年10月18日号
＊7：「CUT」2009年4月号
＊8：「日経エンタテインメント！」2016年11月号
＊9：『Hip Pop Boogie』（2008年4月発売、『Dream “A” live』収録）
＊10：「日経エンタテインメント！」2008年7月号
＊11：「ぴあ」2009年3月19日号
＊12：『Hip Pop Boogie Chapter Ⅱ』（2016年1月発売、『ARASHI　BLAST in Miyagi』収録）

——10・**大野智**

＊1：大野智『Freestyle』（2008年2月、M．Co．）

＊2：「週刊SPA！」2010年8月17・24日合併号
＊3：嵐『アラシゴト』（2005年7月、集英社）
＊4：「TVガイドAlpha　EPISODE　F」（2017年8月）

――11．**滝沢秀明**

＊1：「an・an」2015年4月1日号
＊2：「女性自身」2016年12月13日号
＊3：TBS「中居正広のキンスマスペシャル」2018年12月28日放送
＊4：「TVガイド　PERSON　VOL．65」（2018年1月）
＊5：「an・an」2018年12月12日号
＊6：「MyoJo」2011年5月号
＊7：TBS『櫻井・有吉 THE夜会』2016年7月14日放送
＊8：「週刊SPA！」2017年3月21日・28日合併号
＊9：TBS「A-Studio」2016年7月8日放送
＊10：「STORY」2015年9月号
＊11：「POTATO」2013年10月号
＊12：「POTATO」2011年8月号
＊13：「サンキュ！」2012年10月号
＊14：「MyoJo」2015年5月号
＊15：「ジャニーズ事務所公式サイト」（2018年9月13日、社長メッセージ）

――12．**風間俊介**

＊1：「テレビブロス」2019年7月号

【引用・出典一覧】

＊2：「女性自身」2012年12月11日号
＊3：「婦人公論」2012年12月22日・2013年1月7日合併号
＊4：「テレビブロス」2013年4月13日号
＊5：「テレビブロス」2015年4月4日号
＊6：「CLASSY」2016年3月号
＊7：「テレビブロス」2016年1月16日号
＊8：「スポーツニッポン」2010年10月23日
＊9：「月刊アサヒグラフperson」2003年2月号

――**13．村上信五**

＊1：「With」2014年8月号
＊2：「女性自身」2015年6月9日号
＊3：「MyoJo」2012年4月号
＊4：「an・an」2012年8月29日号
＊5：「With」2012年11月号
＊6：「日経ヘルス」2008年12月号
＊7：「TVガイドPERSON VOL．54」（2017年2月）

――**14．亀梨和也**

＊1：「女性自身」2006年9月12日号
＊2：「スポーツ報知」2017年8月25日
＊3：「Hanako」2011年9月8日号
＊4：「週刊朝日臨増」2013年9月5日号

＊5：「セブンティーン」2000年3月15日号
＊6：「Ｃｏｍｏ」2011年11月号
＊7：「日経エンタテインメント！」2007年1月号
＊8：亀梨和也『ユメより、亀。』（2018年2月、集英社）
＊9：「サンケイスポーツ」2019年4月13日
＊10：「Ｃｏｍｏ」2015年2月号
＊11：「Ｗｉｔｈ」2011年10月号
＊12：「ＭＯＲＥ」2015年3月号
＊13：「ピクトアップ」2015年2月号
＊14：「Ｗｉｔｈ」2015年3月号
＊15：「ＣＬＡＳＳＹ」2015年3月号
＊16：「ピクトアップ」2013年6月号
＊17：「ＡＥＲＡ」2017年4月3日号
＊18：「ダ・ヴィンチ」2017年6月号

――**15．伊野尾慧**
＊1：「ＭｙｏＪｏ」2014年3月号
＊2：「ＴＶガイドPERSON VOL．46」（2016年6月）
＊3：ＮＨＫ『土曜スタジオパーク』2019年2月9日放送
＊4：「読売新聞」2019年4月24日
＊5：日本テレビ『有吉ゼミ』2019年1月28日放送
＊6：「Ｈ」2016年9月号
＊7：ＴＢＳ『100秒博士アカデミー』2013年12月13日放送

――16・中島健人

＊1：TOKYO FM『よんぱち～WEEKEND MEISTER～』2016年11月11日放送
＊2：「an・an」2017年7月26日号
＊3：「ピクトアップ」2017年8月号
＊4：「サンデー毎日」2016年2月28日号
＊5：「MORE」2014年4月号
＊6：「STORY」2014年12月号
＊7：「ピクトアップ」2014年4月号
＊8：「CUT」2017年7月号
＊9：「キネマ旬報」2016年3月1日号
＊10：フジテレビ「TOKIOカケル」2017年6月28日放送
＊11：「朝日新聞」2018年3月29日

――未完成時代をどう生きるか

＊1：「女性セブン」2016年7月21日
＊2：「THE21」2011年7月号
＊3：「日経エンタテインメント！」2016年10月号
＊4：「ピクトアップ」2010年12月号
＊5：「女性セブン」2015年2月19日号
＊6：「オリ★スタ」2010年5月31日号
＊7：「日経エンタテインメント！」2013年4月号
＊8：「MORE」2010年3月号

*9:「音楽と人」2015年12月号
*10:NHK『ごごナマ』2017年8月1日放送
*11:TBSラジオ『伊集院光とらじおと』2019年4月18日放送
*12:「TVガイドAlpha EPISODE A」(2016年11月)
*13:「STORY」2015年1月号
*14:「日経エンタテインメント!」2014年11月号
*15:「ピクトアップ」2010年12月号
*16:「MyoJo」2017年9月号
*17:「MyoJo」2015年9月号
*18:木村拓哉『開放区』(2003年4月、集英社)
*19:「コスモポリタン」1995年7月号
*20:「AERA」2013年9月16日号
*21:亀梨和也『ユメより、亀。』(2018年2月、集英社)
*22:「AERA」2016年12月12日号
*23:「TVガイドPERSON VOL.16」(2014年1月)
*24:「音楽と人」2007年4月号
*25:「婦人公論」2006年9月22日号

[第2部 ジャニー喜多川論 育てる力]
*1:NHKラジオ第1「蜷川幸雄のクロスオーバートーク」2015年1月1日放送
*2:TBS「A-Studio」2019年4月5日放送
*3:「Views」1995年8月号
*4:「AERA」1997年3月24日号

【引用・出典一覧】

＊5：ＮＨＫＦＭ『今日は一日〝ザ少年倶楽部〟三昧』２０１２年6月17日放送
＊6：フジテレビ『新堂本兄弟』２０１２年7月22日放送
＊7：「ＭｙｏＪｏ」２０１５年5月号
＊8：ＴＢＳ『ビビット』２０１９年7月11日放送
＊9：テレビ朝日『中居正広のニュースな会』２０１９年7月13日放送
＊10：「日経エンタテインメント！」２０１６年4月号
＊11：東山紀之『カワサキ・キッド』（２０１０年6月、朝日新聞出版）
＊12：ＴＢＳ『ビビット』２０１９年7月12日放送
＊13：「ソワレ」１９９２年7月号
＊14：「朝日新聞」２０１７年1月24日
＊15：「トップステージ」２００５年2月号
＊16：「週刊ＳＰＡ！」２０１４年9月16・23日合併号
＊17：「週刊朝日」２０１３年3月29日号
＊18：「週刊ＳＰＡ！」１９９０年7月4日号
＊19：「サンデー毎日」２０１４年3月2日号
＊20：「ＴＶガイドＡｌｐｈａ　ＥＰＩＳＯＤＥ　Ｂ」（２０１７年2月）
＊21：『ジャニーズ・ワールド』制作発表より（２０１２年9月27日）
＊22：「Invitation」２００６年12月号
＊23：ＴＢＳ『ビビット』２０１９年7月10日放送
＊24：「ＭｙｏＪｏ」２０１２年12月号
＊25：日本テレビ『ジャニーズＪｒ．の真実』２０１２年9月30日放送
＊26：「日経エンタテインメント！」２０１２年8月号
＊27：「ＭｙｏＪｏ」２０１２年8月号

【引用・出典一覧】

＊28：「ＭｙｏＪｏ」２０１１年８月号
＊29：「サンケイスポーツ」２０１９年４月13日
＊30：「ＧＱ ＪＡＰＡＮ」２０１０年６月号
＊31：「日経エンタテインメント！」２０１６年７月号

霜田明寛　1985（昭和60）年東京都生まれ。早稲田大学商学部卒業。9歳でSMAPに憧れ、18歳でジャニーズJr.オーディションを受けた「元祖・ジャニヲタ男子」。現在は、WEBマガジン「チェリー」編集長として取材・執筆を行う。

Ⓢ新潮新書

824

ジャニーズは努力(どりょく)が9割(わり)

著　者　霜田明寛(しもだあきひろ)

2019年8月1日　発行
2019年8月30日　2刷

発行者　佐　藤　隆　信

発行所　株式会社新潮社

〒162-8711　東京都新宿区矢来町71番地
編集部(03)3266-5430　読者係(03)3266-5111
https://www.shinchosha.co.jp

印刷所　錦明印刷株式会社

製本所　錦明印刷株式会社

ISBN978-4-10-610824-2　C0273